圖解

五南圖書出版公司 印行

變異數分析

陳耀茂 / 編著

閱讀文字

理解內容

觀看圖表

圖解讓
變異數分析
更簡單

序言

　　變異數分析（ANOVA）是一種統計公式，用於比較不同組的平均值之間的變異。一系列方案可用來確定不同組的平均值之間是否存在差異。

　　例如，為了研究各種糖尿病藥物的有效性，科學家進行了設計和實驗，以探索藥物類型與所產生的血糖水準之間的關係。樣本人口是一組受試者，我們將樣本人口分為多個組，每個組在試用期內，都會接受特定的藥物。在試驗期結束時，對每個受試者的血糖水準進行測量。然後，為每個組計算平均血糖水準，ANOVA 有助於比較這些組的平均值，以找出它們在統計上是否不同或近似。

　　ANOVA 的結果是「F 統計量」。該比率顯示了組內變異與組間變異，最終產生了一個數字，該數字可以得出支持或拒絕原假設的結論。如果組之間存在顯著差異，則不支持虛無假設，並且 F 比率會更大。

　　ANOVA 只能判斷至少兩個組的平均值之間是否存在顯著差異，但無法解釋哪一配對的平均值在方法上有所不同。如果需要詳細的數據，則進一步的追蹤統計過程，將有助於找出平均值不同的組。通常，ANOVA 會與其他統計方法結合使用。

　　ANOVA 還假設數據集是平均分布的，因為它僅比較平均值，如果數據沒有分布在常態曲線上並且存在異常值，則 ANOVA 不是解釋數據的正確過程。

　　同樣，ANOVA 假設各組的標準差相同或相似。如果標準差相差很大，則測試結論可能不準確。

　　ANOVA 如果顯示處理之間有顯著差異，則必須採用事後比較檢定（Post hoc tests）用以測試處理組與對照組是否有顯著差異。這種統計技術稱為多重比較檢定（MCA:Multiple comparison analysis testing）。常用的分析技術有 Tukey, Newman-Keuls, Scheffe, Bonferroni 與 Dunnett 等，上述每個統計技術都有其特殊用途，各有其優點與缺點。

在學習統計方法處理問題時，首先讓人感到困擾的是：

「此數據要選擇哪種的統計處理方法好呢？」

「要如何輸入數據，有無明確的輸入步驟？」

「輸入後，在進行統計處理時，有無明確的處理步驟？」

此煩惱利用圖解的方式即可迎刃而解。

最後讓人感到困擾的是：

「結果要如何判讀？」

此煩惱只要看本書的解說，即可將「霧煞煞」一掃而光。

本書的特徵有以下四項：

1. 只要看數據類型，統計處理方法一清二楚。

2. 利用圖解，數據的輸入與其步驟，清晰明確。

3. 利用圖解，統計處理的方法與其步驟，清晰明確。

4. 輸出結果的判讀方法簡明易懂。

總之，只要利用滑鼠，任何人均可簡單進行數據的統計處理。

最後，讓您在操作中得到使用的滿足感，並希望對您的分析有所助益。

陳耀茂 謹誌於
東海大學企管系

序言

第 1 章
變異數分析與多重比較簡介

本章內容

1.1 在蒐集數據之前

「實驗的結果，雖然得到此種的數據，但是……」經常有此種的詢問。接著，在打聽詢問的內容時，卻重複如此之回答：

「無論如何，實驗之後再說……」

總之，就是「實驗進行之後，要如何分析才好，找不到適當的分析方法」。實驗結束之後，再尋找最適合該數據的分析方法，那麼煞費苦心的努力也許會歸於泡影。

還是一開始就要有「想分析什麼」的問題意識，因之，在充分調查「已開發有哪種的分析方法」之後，就必須蒐集符合該分析方法的數據。

實際上工作是很繁忙的。從中找出研究時間相當困難。因此，也許就會有不妨先進行實驗再說，但是卻常常事與願違。

Tea Break

> 首先要知道「想分析什麼？」，然後，思考有「哪種的分析方法？」，接著再「蒐集符合該分析方法的數據」，如此才不會出現事與願違的情形。

1.2　理解數據

■ 出現在本書的青蛙與蝌蚪

本書從開始到結束，全部使用非洲爪蛙之蝌蚪的數據，因之先介紹出場的青蛙群。

牠們是稱爲非洲爪蛙（Xenopus）的青蛙群，亦即「雷比斯（laevis）種」與「伯雷亞尼斯（borealis）種」2 種。可是，對於此種蝌蚪來說，原本曾經是有長出鬍鬚的。

■ 非洲爪蛙的發生階段

蝌蚪的發育階段稱爲發生期。從卵的孵化到成熟，各階段從第 51 期到 63 期加上號碼。

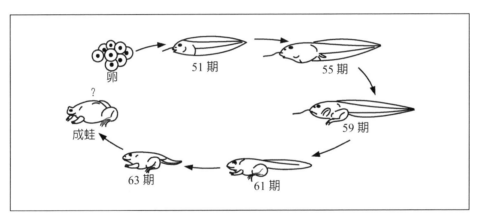

圖 1.2.1　蝌蚪的發生期

■ 非洲爪蛙的表皮細胞分裂

非洲爪蛙，隨著發生期不斷發生細胞分裂。爲了調查此細胞分裂雖然使用細胞分裂測量用的藥劑，但細胞分裂時，此藥劑似乎會滲進已分裂的細胞中。因此，如能數出滲進藥劑的細胞數，此即爲已分裂的細胞數。

並且，如果調查表皮細胞分裂的比率時，可以將已分裂的細胞數除以表皮細胞的總數。但談到總數，像是背部某一部分的表皮或尾部某一部分的表皮，測量場所是有限制的。

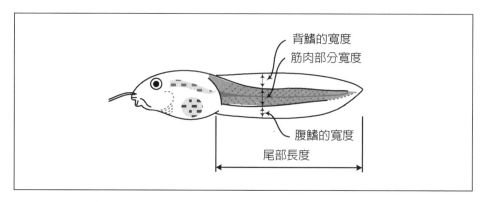

圖 1.2.2　背部的寬度與尾部的寬度

Tea Break

　　變異數分析是用來檢定兩個以上平均數是否相等或某個變數是否受某些因子所影響之統計方法。例如：(1) 不同的行銷策略是否會影響產品之銷售量？（不同的行銷策略，其產品之平均銷售量是否相等？）(2) 不同的教育程度與不同的性別對工作滿意度是否有影響？（不同的教育程度與不同的性別之員工，其平均之工作滿意度是否相等）。

　　檢定 3 個以上的獨立母體之平均值是否相等時，可採用變異數分析（analysis of variance, ANOVA）。因此，ANOVA 是用來當成 3 個或 3 個以上的母群體平均數的差異顯著性檢定工具。變異數分析種類繁多，如下表：

依變數個數	自變數個數	名稱
1 （單變數變異數分析）	1	單因子變異數分析
	2（以上）	多因子變異數分析
2（以上） （多變數變異數分析）	1	單因子多變量分析
	2（以上）	多因子多變量分析

　　但是 ANOVA 如果顯示處理之間有顯著差異，則必須採用事後比較檢定（post hoc tests）用以測試處理組與對照組是否有顯著差異。這種統計技術稱為多重比較檢測（multiple comparison analysis testing）。常用的分析技術有 Tukey, Newman-Keuls, Scheflee, Bonferroni 與 Dunnett，上述每個統計技術都有其特殊用途，優點與缺點。

　　研究數據的一些特殊狀況影響了多重比較檢定方法之選用。例如,各組數據的樣本數目可能不相同。不同的檢定其檢定力(power)的要求可能不同。有些研究要結合一些處理組數據與結合一些控制組數據,再相互比較。因此,多重比較之技術其選擇是取決於探討比較的目的、有興趣的處理群與數據的型式。

1.3 實驗計畫法與變異數分析

　　統計解析的印象不就是利用電算機或電腦計算所蒐集來的數據求出平均與變異數的情景嗎？可是，數據不是自然聚集而來，而是在種種的準備與實驗、觀測之後所得到的。

　　因此，在何種的計畫之下進行實驗好呢？計畫的訂定方法是重點所在，為了獲得良好的分析結果，必須訂定良好的計畫，從此事來看費雪（Fisher）提出如下實驗的 3 個原則：

　　1. 重複（replication）

　　2. 隨機（randomization）

　　3. 局部管制（local control）

　　簡單的說，為了獲得最佳的實驗數據，所使用的手法即為實驗計畫法。更廣義地將「實驗計畫有關的方法」與「基於該計畫所得到的數據之解析方法」合併稱為實驗計畫法。

　　基於該計畫分析所得到的數據，進行估計與檢定即為變異數分析，因此，廣義上變異數分析可以想成是包含在實驗計畫法中。

1.4 統計用語迷你辭典

■ 一般線性模型（general linear model）
全部是以一次式表現的模型。因之，數據的構造以如下表示時，

$$\begin{cases} y_1 = \theta_1 x_{11} + \theta_2 x_{12} + \cdots + \theta_p x_{1p} + \varepsilon_1 \\ \vdots \qquad\quad \vdots \qquad\qquad \vdots \\ y_n = \theta_1 x_{n1} + \theta_2 x_{n2} + \cdots + \theta_p x_{np} + \varepsilon_n \end{cases}$$

稱為一般線性模型。從變異數分析、共變異數分析、多變量變異數分析到 BIBD 全部是以此式來表示，因之可以說是最一般化的模型，簡記成 GLM。

■ 因子（factor）
打開實驗計畫法的書常有「所有因子即為要因」之禪式回答。可是，一旦開始實驗時就會立刻明白，所以無須擔心。

■ 部分實施法（fractional factorial design）
想聞一知十，這是忙碌現代人的實驗計畫法，就所有的組合進行實驗是很累人的，因之，這是只取出一部分進行實驗的方法。

■ 一對比較（method of paired comparison）
譬如，想比較麒麟啤酒、札幌啤酒、朝日啤酒 3 種啤酒時，一次對 3 瓶啤酒評定等級是非常困難的。因之，製作每 2 瓶為 1 組即 {麒麟，札幌}，{麒麟，朝日}，{札幌，朝日}，再採取由 2 選 1 的方法。
這是 k = 2 時的 BIBD（balanced incomplete block design）！

■ ANOVA
這是 analysis of variance 的簡稱，亦即變異數分析。也簡記為 AOV。

■ AOV
這是 analysis of variance 的簡稱，也是 ANOVA 的簡稱。

■ F檢定（F-test）
當檢定統計量服從 F 分配時，將此檢定稱為 F 檢定，在進行變異數分析時經常出現。

■ 回應曲線（response curve）
將以折線連結的圖形，適切地以 2 次曲線或 3 次曲線近似之。

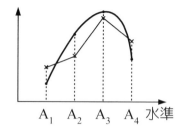

■ 迴歸直線（regression line）

譬如從身高求理想體重的 1 次式 $y = 1.9x - 90$ $(y = a + bx)$。但對胖的人來說簡直是無法相信的式子。

■ 迴歸分析（regression analysis）

像身高與體重的關係、投資與利益的關係等，調查 2 個變量之間被認爲存在某種關係之方法。在許多的領域中經常加以利用。

■ 機率分配（probability distribution）

對統計理論沒有興趣的人可以說不需要的概念，但想應用統計的人，與其一般論不如只要常態分配、t 分配、χ^2 分配、F 分配就很足夠不是嗎？

■ 完全隨機（completely randomized design）

爲了不要有偏差的分析而有的方法。實際上實驗場所、時間、順序等的問題相互交織，因此隨機化相當困難。

■ 完全集區設計（complete block design）

想對所有的組合進行實驗，此種有太多時間與金錢的人所安排的實驗計畫法。如非如此的人，則可採行不完全集區設計。

■ 穩健性（robustness）

即使有少許未滿足前提條件，對分析結果也不太會造成影響時，即有所謂的穩健性。因之，對擔心母體是否近似常態母體有此傾向時是最合適的概念。但不是說做什麼都沒有關係。F 檢定可以說有穩健性。

■ χ^2檢定（χ^2-test）

當檢定統計量服從 χ^2 分配時，此檢定大多稱爲 χ^2 檢定。

■ 共變異數（covariance）

表示 2 個變量間之關係，與相關係數幾乎是相同的概念。多變量分析法如未使用共變異數的用語，甚至連最初的一頁也無法撰寫。

■ 偶然誤差（random error）

偶然發出的誤差，與系統誤差成對使用。

■ 傾向性（trend）

換言之，如有美麗的女性與不美麗的女性時，男性則有傾向自然與美麗的一方。稱此為具有傾向性。並非雙邊檢定 $\mu_1 \neq \mu_2$，像單邊檢定那樣要建立 $\mu_1 \leq \mu_2$ 的假設。

■ 系統誤差（systematic error）

如表現成「有系統地出現的失誤」時，不知不覺即有已了解的感覺。

■ 檢定力（power of test）

評價 2 個檢定方法之中，何者較優時甚有幫助。檢定時，「某一邊成立時，另一邊即不成立」形成如此的關係。在第 1 失誤 α 與第 2 失誤 β 之中，以 $1 - \beta$ 定義檢定力。

■ 交互作用（interaction）

因子之間，當相互協力合作或相互牽制時，稱為 2 因子之間有交互作用。當然，沒有交互作用時，母平均的估計或多重比較就比較簡單。

■ 交絡（confound）

譬如在直交表上配置因子 A, B, C, D 時，交互作用 B×C×D 有時就會與因子 A 一致。此時，以有交絡來表現。所愛的人事實上是愛情騙子，或那個人原來是 !? 等等世間常常具有二面性，所以要注意。

■ 混合模型（mixed model）

在變異數分析的數學模型 $\mu + \alpha_i + \beta_j + (\alpha\beta)_{ij} + \varepsilon_{ijk}$ 中，未知數 α_i, β_j 是常數時稱為母數模型，機率變數時稱為變量模型，如混合時，稱為混合模型。

■ SAS

有名的統計分析套裝程式之一。

■ SPSS

這也是有名的統計分析套裝軟體。

■ 質性因子（qualitative factor）

在變異數分析中像藥劑的量 100g, 600g, 1200g 之類的因子稱為量的因子，洋芋的品種 A, B, C 之因子稱為質因子。

■ 主效果（main effect）

變異數分析的數學模型當作 $\mu + \alpha_i + \varepsilon_{ij}$ 時，α_i 稱為水準 A_i 的主效果。換言之，總平均 μ 與水準 A_i 的平均 $\mu + \alpha_i$ 之差，稱為效果。

■ 雪費的方法（Scheffe's method）

　在多重比較中經常使用的線性對比之檢定，不管是哪種 1 次式關係

$$c_1x_1 + c_2x_2 + \cdots\cdots + c_ax_a = 0?$$

都能檢定，非常方便。

■ 等級和檢定（rank sum test）

　這是檢定 2 群 G_1, G_2 之差的無母數檢定中的一種。將 2 個群合而為一加上等級，只合計數據少的群的等級者稱為等級和（等級和）。

■ 自由度（degree of freedom）

　在 t 分配、χ^2 分配、F 分配中必須要有的概念，想成可以自由移動之變數個數也行，因此，變數間如有一個關係式時自由度就減少一個。

■ 處理（treatment）

　像藥劑量 100g，600g，1200g 等，因子的條件在實驗計量法中稱為處理，在變異數分析中稱為水準（level）。在 2 因子實驗中，因子 A 的水準 A_i 與因子 B 的水準 B_j 的組合 (A_i, B_j) 稱為處理。

■ 控制因子（control factor）

　像最適的溫度、最適的時間、最適的種類等，想求最適水準時，將該因子稱為控制因子。因之，想進行變異數分析時，該因子一般理應成為控制因子。

■ 數學模型（mathematical model）

　統計分析是從假定數據在母體之中形成哪種的動向開始的。換言之，想成數據是依從某種模型在變動，所以將該模型稱為數學模型。由於與數據的構造有關，因之也稱為構造模型。

■ 典型相關分析（canonical correlation analysis）

　像複迴歸分析、主成分分析、判別分析等，也可說是將所有的分析包含在內的手法。

■ 說明變數（explanatory variable）

　在迴歸直線 $y = a + bx$ 中，x 稱為說明變數，y 稱為目的變數。

■ 線性（linearity）函數

　f(x) 滿足

　1. $f(x + y) = f(x) + f(y)$

　2. $f(kx) = kf(x)$

時，f(x) 稱為線性函數。

■ 線性對比（linear contrast）
　　檢定在水準 A_1, A_2, $\cdots$, A_a 之間線性組合 $c_1x_1 + c_2x_2 + \cdots\cdots + c_ax_a$ 是否成爲 0。譬如，想比較 $\{x_1, x_2, x_3\}$ 與 $\{x_4, x_5\}$ 時，即進行 $\dfrac{x_1 + x_2 + x_3}{3} - \dfrac{x_4 + x_5}{2} = 0$ 的檢定。雪費的方法甚爲有名。

■ 相關係數（correlation coefficient）
　　相關係數的定義即使乍見複雜不甚明白，但說到相關係數是 1.7，不知不覺就了解其意義，譬如，夫婦的關係從 -1 到 1 以實數 r 表示時，新婚是 r = 1，第 10 年是 r = 1.3，第 20 年是 r = -1，30 年以上是 r = 0。

■ 多重比較（multiple comparison）
　　同時檢定水準 A_1, A_2, $\cdots$, A_a 的所有組合之差 $A_i - A_j$ 的方法。Tukey 方法，Scheffe 方法等甚爲有名。

■ 直交多項式（orthogonal polynomial）
　　將某種多項式的組稱爲直交多項式。譬如，$\phi_0(x) = 1$，$\phi_1(x) = x$，$\phi_2(x) = x^2 - 2$ 即爲直交多項式的一種。水準之值是等間隔時，如利用直交多項式時，即可推測各水準的平均值。

■ 直交拉丁方格（orthogonal Latin square）
　　將 2 個直交的拉丁方格加以組合者，也稱爲格列哥‧拉丁方格（Graeco-Latin square）。

■ t檢定（t-test）
　　當檢定統計量服從 t 分配時，此檢定稱爲 t 檢定。在母平均的估計，檢定時經常使用。

■ 杜基方法（Tukey's method）
　　這是水準之差的檢定之一種。當重複數相等時，在多重比較之中的檢定力是最高的，大多與雪費（Scheffe）的方法相比較。

■ 統計量（statistic）
　　指機率變數 X_1, X_2, $\cdots\cdots$, X_n 的函數 $f(X_1, X_2, \cdots, X_n)$，譬如 $\dfrac{X_1 + X_2 + \cdots + X_n}{n}$ 等也是統計量的一種。

■ BIBD（balanced incomplete blocks design）
　　指平衡型不完全集區設計，定義甚爲複雜。有人說「BIBD 在應用面上也是很重要的，譬如…… 」，並且有人說「BIBD 最好不要使用，實際上…… 」。

■ 標示因子（label factor）
　調查與控制因子的交互作用是目的所在，因之此因子不求最適水準或進行水準的比較。

■ 標準誤（standard error）
　將標準差以樣本的大小 n 的平方根 $\sqrt{n}$ 除之。意指統計量的抽樣分配的標準差的時候也有。迴歸分析時，預測值與實測值之差的標準差稱爲標準誤。

■ 不完全集區（incomplete blocks design）
　當集區中包含所有的處理時，稱爲完全集區，否則則稱爲不完全集區。

■ 不偏（unbiased）
　指不偏估計量，變異數的估計時，並非除以 n，以 n－1 除之者稱爲不偏變異數。

■ 集區（block）
　原先是指田地的劃分區域。

■ 集區因子（block factor）
　變異數分析時如誤差變動（水準內變動）甚大時，就很難出現顯著差異。因此，如將實驗分成幾個集區時，變異數就會變小，因之可以進行更高精度的分析。

■ 合併（pooling）
　將幾個群整合成 1 個群稱爲合併，譬如，直交表中因子的均方比誤差項的均方小時，將該因子併入誤差項再製作變異數分析表。利用此做法，增大誤差項的自由度即可提高檢定力。

■ 分割法（split-plot design）
　與其利用名小說家 A, B, C 3 人與無名小說家 D, E, F 3 人的組合舉辦 9 場的演講，不如由名小說家 A 與無名小說家 3 人，名小說家 B 與無名小說家 3 人，名小說家 C 與無名小說家 3 人舉辦 3 次的演講，覺得較容易安排。

■ 彭費羅尼方法（Bonferroni's method）
　與杜基方法、雪費方法一樣是多重比較的一種。使用彭費羅尼的不等式

$$\sum_{i=1}^{n} P_r\{A_i\} - \sum_{i<j} P_r\{A_i \cap A_j\} \leq P_r\{\bigcup_{i=1}^{n} A_i\} \leq \sum_{i=1}^{n} P_r\{A_i\}$$

所有的比較均可同時控制在顯著水準 α。

■ 目的變數（criterion variable）

　在迴歸直線 $y = a + bx$ 中，x 稱為說明變數，y 稱為目的變數。

■ 利用重複測量的變異數分析（repeated measure ANOVA）

　以下的數據是調查藥物的調配對心跳的影響。

患者　　水準	用藥前	1 分後	5 分後	10 分後
陳一	67	92	87	68
林二	92	112	94	90
張三	58	71	69	62
李四	61	90	83	66
王五	72	85	72	69

　　如觀察數據的類型時，雖想進行單因子的變異數分析，但此數據的特徵，在於按用藥前→ 1 分後→ 5 分後→ 10 分後呈現對應。此種時候，即進行重複測量的變異數分析。計算方法與重複數是 1 的 2 元配置的變異數分析完全相同，因此，不考慮患者之水準間的差異，只要觀察因藥物的調配造成水準間之差異。當然，假定沒有交互作用。

1.5 重要的機率分配——有關統計量的分配

在進行統計的檢定與估計時，會遇見

$$t 檢定、\chi^2 檢定、F 檢定$$

的用語，此用語是來自於稱為

$$t 分配、\chi^2 分配、F 分配$$

的機率分配。

因此，簡單地複習這些機率分配的定義。

■ 常態分配——所有分配的來源

在機率分配中位居核心地位的是此常態分配。

對機率變數而言，機率密度函數 f(x) 以如下所表示的機率分配，稱為常態分配（normal distribution），即

$$f(x) = \frac{1}{\sigma\sqrt{2\pi}} e^{-\frac{1}{2}(\frac{x-\mu}{\sigma})^2}$$

以 $N(\mu, \sigma^2)$ 表示。μ 稱為平均數，σ^2 稱為變異數。

試描畫常態分配的圖形。此圖形也稱為常態曲線。

$\mu = 0$，$\sigma^2 = 1^2$ 時，即成為如下。

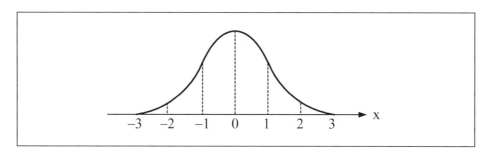

圖 1.5.1 標準常態分配的圖形

此平均值 0，變異數 1^2 的常態分配 $N(0, 1^2)$，特別稱為標準常態分配（standard normal distribution）。

■ 統計量的分配──所有的分配來自常態分配

機率變數 X_1, X_2, $\cdots$, X_n 的函數 $T = f(X_1, X_2, \cdots, X_n)$ 稱為統計量（statistic）。以此統計量 T 的分配來說，像 χ^2 分配、t 分配、F 分配等許多的重要分配是大家所熟知的。

以下的結果是有關統計量的分配中最為重要者。

> 「機率變數 X_1, X_2, $\cdots$, X_n 相互獨立，這些的分配如為 $N(\mu_1, \sigma_1^2)$, $N(\mu_2, \sigma_2^2)$, $\cdots\cdots$, $N(\mu_n, \sigma_n^2)$ 時，統計量
> $$T = a_1X_1 + a_2X_2 + \cdots + a_nx_n$$
> 的分配即為 $N(a_1\mu_1 + a_2\mu_2 + \cdots + a_n\mu_n, a_1^2\sigma_1^2 + a_2^2\sigma_2^2 + \cdots + a_n^2\sigma_n^2)$」

特別是

> 「機率變數 X_1, X_2, $\cdots$, X_n 相互獨立且具有相同的分配 $N(\mu_1, \sigma_1^2)$ 時，則統計量
> $$T = \frac{X_1 + X_2 + \cdots + X_n}{n}$$
> 的分配，即為 $N(\mu, \frac{\sigma^2}{n})$。」

■ χ^2分配──變異數的分配

χ 是希臘字，讀成 chi，χ^2 中文讀成卡方。

機率變數的機率密度函數 $f(x)$ 以如下表示時，

$$f(x) = \frac{1}{2^{\frac{n}{2}}\Gamma(\frac{n}{2})} x^{\frac{n}{2}-1} e^{-\frac{x}{2}} \quad (0 < x < \infty)$$

此分配稱為自由度 n 的 χ^2 分配（chi-square distribution）。

χ^2 分配如下出現。

> 「機率變數 X_1, X_2, $\cdots$, X_n 相互獨立地服從同一常態分配 $N(\mu, \sigma^2)$ 時，統計量
> $$\chi^2 = \frac{(X_1 - \overline{X})^2 + (X_2 - \overline{X})^2 + \cdots\cdots + (X_n - \overline{X})^2}{\sigma^2}$$
> 的分配即為自由度 $n - 1$ 的 χ^2 分配。」

Γ(m) 是 Gamma 函數，滿足

$$\Gamma(m + 1) = m\Gamma(m)$$

對於此 Gamma 函數，以下的等號是成立的
n 如為偶數時

$$\Gamma(\frac{n}{2}) = (\frac{n-2}{2})(\frac{n-4}{2})\cdots\cdots 1$$

n 如為奇數時

$$\Gamma(\frac{n}{2}) = (\frac{n-2}{2})(\frac{n-4}{2})\cdots\cdots\frac{1}{2}\sqrt{\pi}$$

χ^2 分配有另外一個重要的性質。

「機率變數 $\chi_1^2, \chi_2^2, \cdots \chi_n^2$ 相互獨立地服從自由度 $m_1, m_2, \cdots m_n$ 的 χ^2 分配時，統計量

$$\chi_1^2 + \chi_2^2 + \cdots + \chi_n^2$$

的分配，即為自由度 $m_1 + m_2 + \cdots + m_n$ 的 χ^2 分配。」

試描畫自由度 n 的 χ^2 分配的圖形。

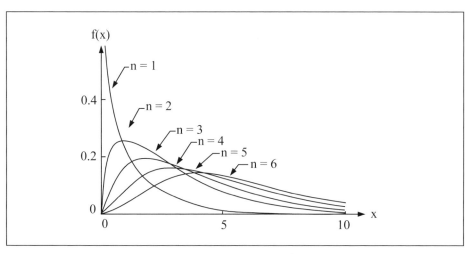

圖 1.5.2　自由度 n 的 χ^2 分配

調查自由度 n 的 χ^2 分配在各 α% 點之值，取決於自由度 n，α% 點就會改變。

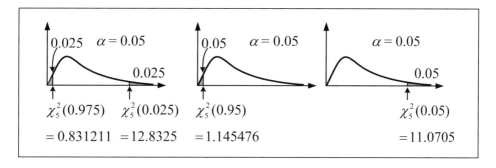

圖 1.5.3　自由度 5 的 χ^2 分配的 α% 點

■ t分配——這是區間估計的精髓

　機率變數 X 的機率密度函數 f(x) 如為

$$f(x) = \frac{\Gamma(\frac{n+1}{2})}{\sqrt{n\pi}\,\Gamma(\frac{n}{2})(1 + \frac{\chi^2}{n})^{\frac{n+1}{2}}} \quad (-\infty < x < \infty)$$

此分配稱為自由度 n 的 t 分配（t-distribution）。

　t 分配是以如下的情形出現。

　「機率變數 $X_1, X_2, \cdots, X_n$ 相互獨立服從同一常態分配 $N(\mu, \sigma^2)$。此時，設為

$$s = \sqrt{\frac{(X_1 - \overline{X}_1)^2 + (X_2 - \overline{X})^2 + \cdots + (X_n - \overline{X})^2}{n-1}}$$

　則統計量

$$t = \frac{\overline{X} - \mu}{s/\sqrt{n}}$$

的分配即為自由度 n − 1 的 t 分配。」

　另外，如以另一種方式表現時，

「機率變數 X 服從 N(0, 1²)，機率變數 Y 服從自由度 n 的 χ² 分配時，統計量

$$\frac{X}{\sqrt{\dfrac{Y}{n}}}$$

的分配，即爲自由度 n 的 t 分配。」

t 分配對母體的平均的估計、檢定發揮甚大威力。

試描畫自由度 n 的 t 分配的圖形看看。

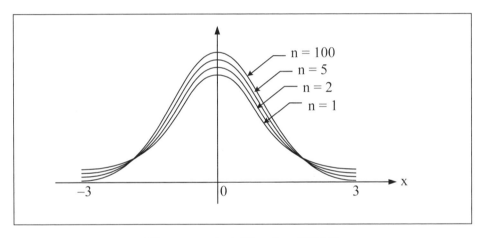

圖 1.5.4　自由度 n 的 t 分配圖

試調查自由度 n 的 t 分配的各 α% 點。依自由度 n 之值，即使相同之 α% 點數值也有不同。

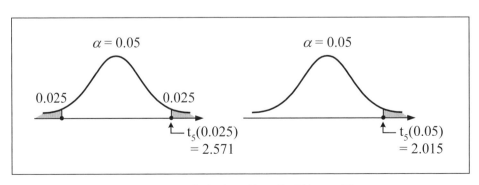

圖 1.5.5　自由度 5 的 t 分配的 α% 點

■ F分配──了解變異數之比

機率變數 X 的機率密度函數 f(x) 如以下列表示時

$$f(x) = \frac{\Gamma(\frac{n_1 + n_2}{2})(\frac{n_1}{n_2})^{\frac{n_1}{2}} \chi^{\frac{n_1}{2}-1}}{\Gamma(\frac{n_1}{2})\Gamma(\frac{n_2}{2})(1 + \frac{n_1}{n_2} x)^{\frac{n_1+n_2}{2}}} \quad (0 < x < \infty)$$

此分配稱爲自由度 (n_1, n_2) 的 F 分配（F-distribution）。F 分配可以如下表現。

「機率變數 $X_1, X_2, \cdots, X_{n_1}, Y_1, Y_2, \cdots, Y_{n_2}$ 相互獨立，$X_i(i = 1, 2, \cdots, n)$ 服從常態分配，服從常態分配 $N(\mu_1, \sigma_1^2)$，$Y_j(j = 1, \cdots, n_2)$ 服從常態分配 $N(\mu_2, \sigma_2^2)$。
　　此時，如令

$$s_1^2 = \frac{(x_1 - \overline{x}^2) + (x_2 - \overline{x})^2 + \cdots + (x_{n_1} - \overline{x})^2}{n_1 - 1}$$

$$s_2^2 = \frac{(y_1 - \overline{y})^2 + (y_2 - \overline{y})^2 + \cdots + (y_{n_2} - \overline{y})^2}{n_2 - 1}$$

統計量 F

$$F = \frac{s_1^2 / \sigma_1^2}{s_2^2 / \sigma_2^2}$$

即成爲自由度 $(n_1 - 1, n_2 - 1)$ 的 F 分配。」

　　如以另外的方式表現時，

「機率變數 X, Y 獨立，X 服從自由度 n_1 的 χ^2 分配，Y 服從自由度 n_2 的 χ^2 分配時，統計量

$$F = \frac{X/n_1}{Y/n_2}$$

即服從自由度 (n_1, n_2) 的 F 分配。」

由此似乎可以了解，F 分配在檢定 2 個母體的變異數比時可加以利用。
在複迴歸分析與變異數分析中以下的表經常出現。

表 1.5.1　變異數分析表

變動要因	平方和	自由度	不偏變異	F_0	
迴歸變動	S_R	p	V_R	$\dfrac{V_R}{V_E}$	$F_{(p,\,n-p-1)}(\alpha)$
殘差變動	S_E	$n - p - 1$	V_E		

試描畫自由度 (4, 6) 的 F 分配與自由度 (10, 10) 的 F 分配的圖形。

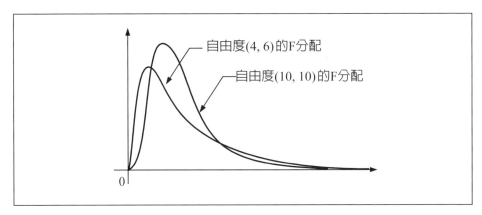

圖 1.5.6　F 分配

自由度 (4, 6) 時，$\alpha\%$ 點即為如下。

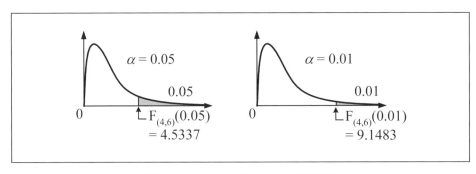

圖 1.5.7　自由度 (4, 6) 的情形

但是，以下的等式是成立的。

$$F_{(m,n)}(1 - \alpha) = \frac{1}{F_{(n,m)}(\alpha)}$$

因此，由此等式也可求出 $100(1 - \alpha)\%$ 點。

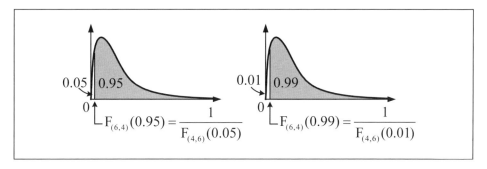

圖 1.5.8　自由度 (6, 4) 的情形

1.6 多重比較簡介

所謂多重比較是在 3 個以上的組中進行差異的檢定。
譬如，3 組時：

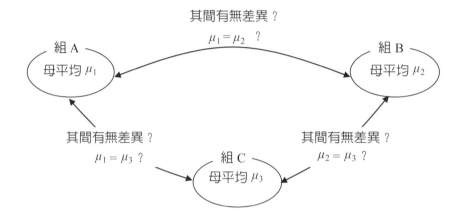

因此，進行多重比較，即可
「發現有差異之組合」。

例1 進行多重比較時：

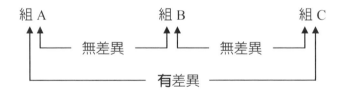

例2 進行多重比較時：

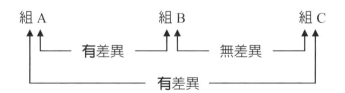

■ 多重比較與單因子的變異數分析有何不同？

單因子的變異數分析是指 3 個以上之組中的差異檢定。

假設即為如下。

假設 H_0： 組 A 的 母平均 μ_1 ＝ 組 B 的 母平均 μ_2 ＝ 組 C 的 母平均 μ_3

如否定此假設時，知

　　　至少有一個組合其組間是有差異的。

可是，哪一組與哪一組之間有差異，單因子的變異數分析並未具體告知有差異的部分。

Tea Break

　　對於多重處理的研究數據相互比較，主要的分析工具是變異數分析（ANOVA）。但是 ANOVA 如果顯示處理之間有顯著差異，則必須採用事後比較檢定（post hoc tests）用以測試處理組與對照組是否有顯著差異。這種統計技術稱為多重比較檢定（multiple comparison analysis testing）。

■ 多重比較與 t 檢定有何不同？

試使用相同的資料，比較 t 檢定與利用 Tukey 法的多重比較看看。

以下的數據是測量非洲爪蛙的細胞分裂的結果。

表 1.6.1

發生期	細胞分裂比率（%）
51 期	12.1 18.8 18.2
55 期	22.2 20.5 14.6
57 期	20.8 19.5 26.3

發生期	細胞分裂比率（%）
59 期	26.4
	32.6
	31.3
61 期	24.5
	21.2
	22.4

試使用統計軟體 SPSS，

- 利用 t 檢定重複進行檢定
- 利用 Tukey 法的多重比較

進行看看。

■ t檢定（2個母平均之差的檢定）的重複

表 1.6.2　t 檢定

		平均值之差	顯著機率
期 51	期 55	-2.700	0.439
	期 57	-5.800	0.122
	期 59	-13.700*	0.008
	期 61	-6.300	0.053
期 55	期 57	-3.100	0.375
	期 59	-11.000*	0.021
	期 61	-3.600	0.223
期 57	期 59	-7.900*	0.048
	期 61	-0.500	0.838
期 59	期 61	7.400*	0.025

* 表平均之差在 0.05 之下是顯著的。有差異的組合是以下 4 組：

- 51 期 與 59 期
- 55 期 與 59 期
- 57 期 與 59 期
- 59 期 與 61 期

■ 利用Tukey法的多重比較

表 1.6.3

		平均值之差	顯著機率
期 51	期 55	-2.700	0.854
	期 57	-5.800	0.281
	期 59	-13.700*	0.004
	期 61	-6.300	0.218
期 55	期 57	-3.100	0.784
	期 59	-11.000*	0.016
	期 61	-3.600	0.686
期 57	期 59	-7.900*	0.092
	期 61	-0.500	1.000
期 59	期 61	7.400*	0.121

* 表平均之差在 0.05 之下是顯著的。有差異的組合是以下 2 組：

$$\begin{cases} 51 \text{ 期 與 } 59 \text{ 期} \\ 55 \text{ 期 與 } 59 \text{ 期} \end{cases}$$

2 個輸出結果出現十足的不同，其理由是什麼？
可以認為「表 1.6.2 是重複利用 t 檢定，被否定的基準變得寬鬆之緣故。」

■ 各種多重比較法
多重比較的重要性應該清楚明白了吧。
那麼，多重比較難道只有 Tukey 的方法嗎？
事實上……

【等變異性成立時】

● **Tukey 的 HSD 檢定**
這是依據標準距的分配的多重比較法。
多重比較經常使用此 Tukey 的 HSD 檢定與 Bonferroni 檢定。
● **Bonferroni 檢定**
利用 Bonferroni 的不等式進行修正。

- **Scheffe 的方法**
  進行線型對比的多重比較。
- **Sidak's t 檢定**
  這是修正顯著水準，比 Bonferroni 檢定更適切地計算否定界限。
- **Hochberg's GT2**
  一般來說，Tukey 的 HSD 檢定力比此方法更強。
- **Gabriel's 成對比較檢定（Gabriel's pairwise comparison test）**
  當 2 個樣本大小不同時，似乎比 Hochberg 的 GT2 有較強的檢定。
- **Dunnett 的各對的 t 檢定（Dunnett's pairwise multiple comparison t test）**
  此檢定是比較控制組與實驗組時使用。
- **R・E・G・W 法**
  是由 Ryan, Einot, Gabriel, Welsch 所開發的 Stepdown 法，有 R・E・G・W 的 F 與 R・E・G・W 的 Q 2 種方法。

【等變異性不成立時】

此種時候，也準備有幾種的多重比較。
- Tamhane's T2
- Dunnett's T3
- Games-Howell 成對比較檢定
- Dunnett's C

【無母數多重比較】

也準備有無母數時的多重比較。
- Steel-Dwass 檢定
- Steel 檢定

Tea Break

多重比較取決於母數已知或未知：母數未知使用無母數統計方法。母數已知，則使用有母數的統計方法。

■ 利用Tukey法的多重比較

Tukey 法是針對所有組的組合，尋找有差異的組合。

譬如，有 5 個實驗組 A, B, C, D, E，所有組的組合即爲如下。

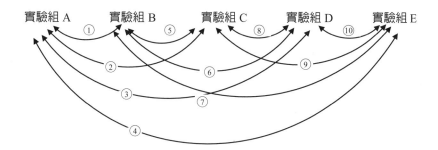

5 組中取 2 組的組合數是

$$_5C_2 = \frac{5 \times 4}{2 \times 1} = 10$$

■ 利用Dunnett法的多重比較

Dunnett 法是以參照組爲中心，就以下的所有組合調查有無差異。

參照組也稱爲控制組或參照組。

譬如，參照組 A 與實驗組 B, C, D, E 的組合如下。

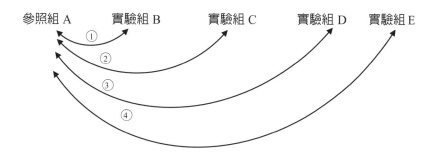

組合數是組數是 5 - 1 = 4。

■ 利用Bonferroni的多重比較

各母群體兩兩樣本平均數進行事後檢定時，乃因進行愈多組檢定會使實際上的第一型錯誤機率 α 增加，Bonferroni 法將原設定的 α 再除以配對組數所得新的 α'（顯著水準），用以進行兩兩樣本平均數間的檢定以驗證差異。

以下的數據是針對 3 種局部麻醉藥 A_1，A_2，A_3 測量麻醉的持續時間（分）。

表 1.6.4　3 種麻醉藥的持續時間

A1 時間（分）	A2 時間（分）	A3 時間（分）
43.6	27.4	18.3
56.8	38.9	21.7
27.3	59.4	29.5
35.0	43.2	15.6
48.4	15.9	9.7
42.4	22.2	16.0
25.3	52.4	7.5
51.7		

　　如觀察此數據時，難道不會想要調查麻醉的持續時間是否依麻醉藥的不同而有所差異呢？

　　SPSS 輸出的結果顯示如下。

【SPSS 輸出 1】

　　表 1.6.4 的單因子的變異數分析與多重比較，輸出如下。

變異數分析

麻醉時間

	平方和	自由度	平均平方和	F 檢定	顯著性	
組間	2468.072	2	1234.036	8.493	.002	←①
組內	2760.826	19	145.307			
總和	5228.898	21				

→ 單因子

描述性統計量

麻醉時間

	個數	平均數	標準差	標準誤	平均數的 95% 信賴區間 下界	上界	最小值	最大值	
1	8	41.313	11.320	4.002	31.849	50.776	25.3	56.8	↑
2	7	37.057	16.007	6.050	22.253	51.861	15.9	59.4	②
3	7	16.900	7.376	2.788	10.078	23.722	7.5	29.5	
總和	22	32.191	15.780	3.364	25.195	39.187	7.5	59.4	

【輸出結果的判讀 1】

① 使用變異數分析表，檢定以下的假設

　　「假設 H0：3 種麻醉藥的平均麻醉持續時間相等」。

觀察檢定統計量 F 值時是 8.493，此時的顯著機率是 0.002。

換言之，顯著水準設為 $\alpha = 0.05$ 時，由於顯著機率 $0.002 < \alpha = 0.05$，所以虛無假設 H0 被否定。

因此，知 3 種麻醉藥的平均麻醉持續時間是相等的。

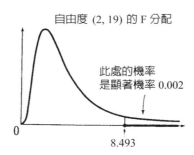

自由度 (2, 19) 的 F 分配

此處的機率
是顯著機率 0.002

0
8.493

② 求各組的母平均的 95% 信賴區間

譬如，麻醉藥 1 的情形，知平均麻醉持續時間在機率 95% 下介於 31.849 與 50.776 分之間。

【SPSS 輸出 2】

變異數同質性檢定

麻醉時間

Levene 統計量	分子自由度	分母自由度	顯著性
2.774	2	19	.088	←③

Post Hoc 檢定

多重比較

依變數: 麻醉時間
Bonferroni 法

(I) 麻醉藥	(J) 麻醉藥	平均差異 (I-J)	標準誤	顯著性	95% 信賴區間 下界	95% 信賴區間 上界
1	2	4.255	6.239	1.000	-12.122	20.633
	3	24.413*	6.239	.003	8.035	40.790
2	1	-4.255	6.239	1.000	-20.633	12.122
	3	20.157*	6.443	.017	3.243	37.072
3	1	-24.413*	6.239	.003	-40.790	-8.035
	2	-20.157*	6.443	.017	-37.072	-3.243

←④

*. 在 .05 水準上的平均差異很顯著。

【輸出結果的判讀 2】

③ 等變異性的檢定是檢定以下的假設

「假設 H0：3 個母變異數是相等的」。

觀察 Levene 統計量時是 2.774，此時的顯著機率是 0.088。因之，顯著水準設為 $\alpha = 0.05$ 時，由於顯著機率 $0.088 > \alpha = 0.05$，因之假設無法捨棄。因此，知等變異性是成立的。

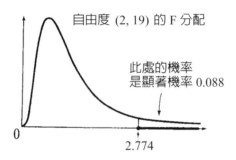

自由度 (2, 19) 的 F 分配

此處的機率
是顯著機率 0.088

0

2.774

④ 利用 Bonferroni 方法的多重比較

在所有的組合之中，在有差異之組合的地方附上＊記號。因此，知

「麻醉藥 1 與麻醉藥 3」
「麻醉藥 2 與麻醉藥 3」

之間是有差異的。

第 2 章
單因子（無對應因子）的變異數分析與多重比較

本章內容

2.1 前言

使用表 2.1 的數據，利用 SPSS 進行單因子的變異數分析看看。

以下的數據是將非洲爪蛙的表皮細胞分裂的比率從 51 期到 61 期，就 5 個水準進行測量所得者。

表 2.1 非洲爪蛙的表皮細胞分裂

發生期	細胞分裂的比率（%）
51 期	12.2
	18.8
	18.2
55 期	22.2
	20.5
	14.6
57 期	20.8
	19.5
	26.3
59 期	26.4
	32.6
	32.3
61 期	24.5
	22.2
	22.4

非洲爪蛙（African clawed frog）。非洲南部一種水棲蛙類，英文又稱 platanna。體長可達 12 公分，頭和軀體扁平，後足有 3 爪，短而黑，可能用於攪起爛泥以迷惑敵人。

Tea Break

【錯誤的數據輸入類型】

如觀察表 2.1 左方的數據時，總是會想要如下輸入數據，但……

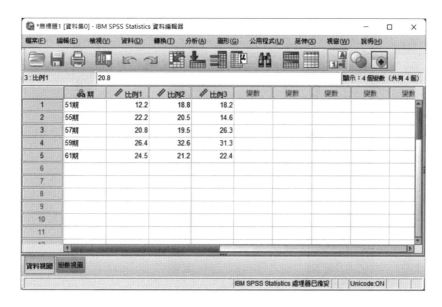

但這是錯誤的。

【另一錯誤的數據輸入類型】

以下的數據輸入又是如何呢？

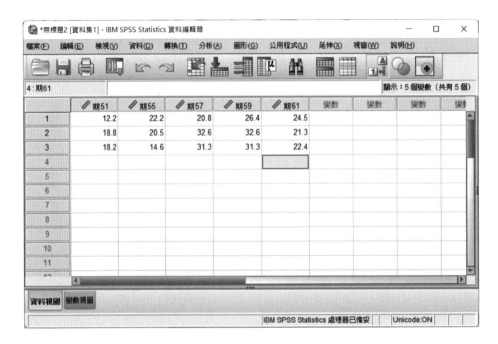

遺憾地，這也是錯誤的。

事實上，15 個數據因被分成 5 組，因之，首先必須準備好分組所需的變數。

$$
\left\{
\begin{array}{l}
55\ 期 \cdots\cdots 1 \\
55\ 期 \cdots\cdots 2 \\
\quad\vdots \qquad \vdots \\
61\ 期 \cdots\cdots 5
\end{array}
\right.
\quad\quad 變數
$$

因此，

【正確的數據輸入類型】

針對表 2.1 的數據，如下輸入數據。

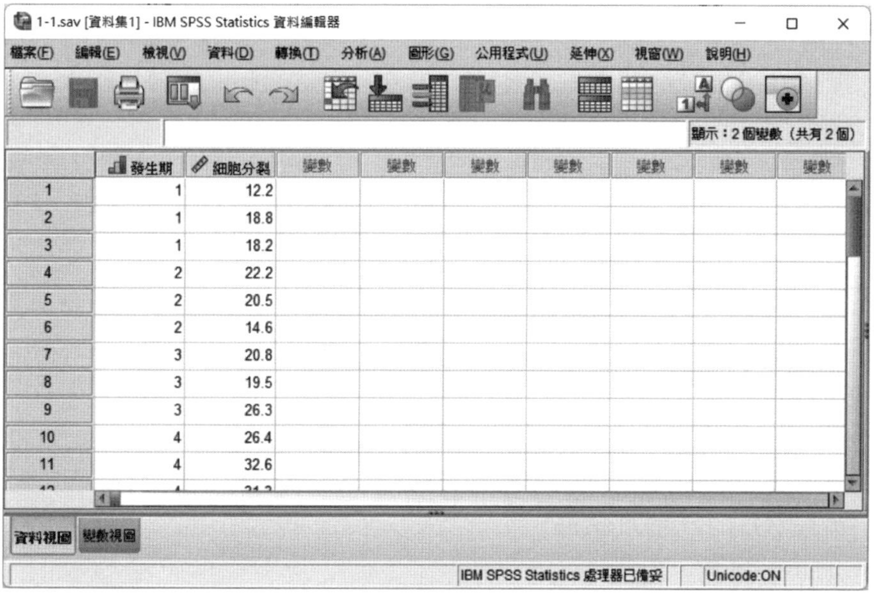

利用標籤時

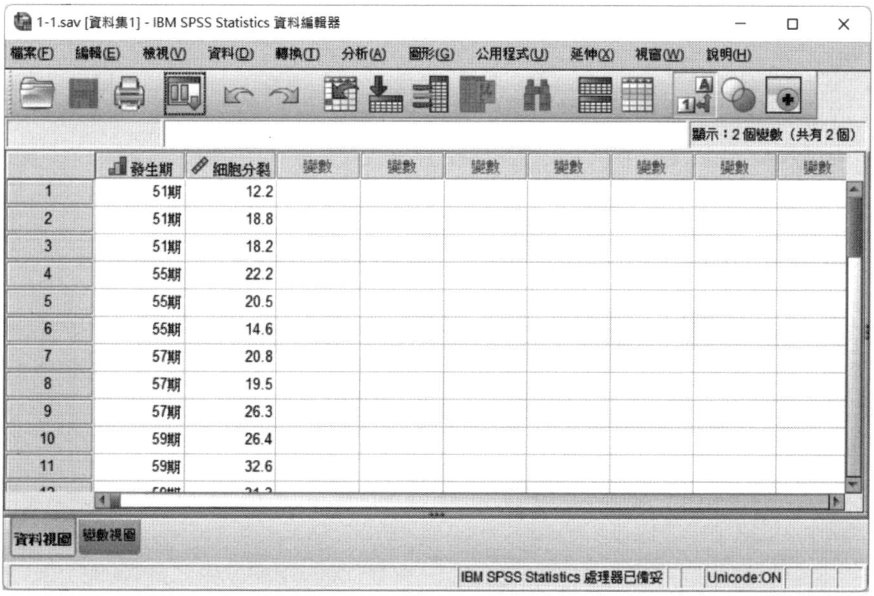

步驟 1　當輸入數據時，請從以下的畫面出發。首先以滑鼠按一下畫面左下
　　　　　　方的<u>變數視圖</u>。

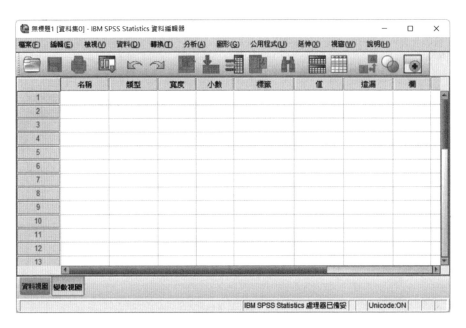

步驟 2　如出現以下的<u>變數視圖</u>的畫面時，在<u>名稱</u>之下輸入變數名「期」。

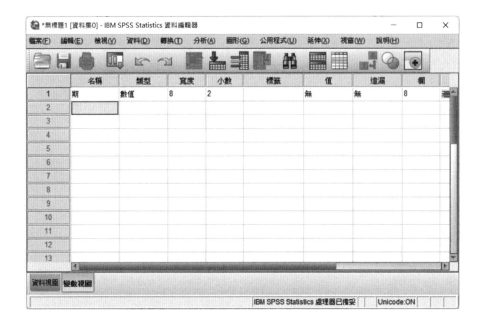

步驟 3　在右邊的小數下方的方框中因為是 2，故改成 0。

步驟 4　回到名稱的地方，在第 2 個方格輸入細胞分裂。

步驟 5　此變數的數據是小數點 1 位，因之在小數的地方利用  將 2 改成 1。

步驟 6　按左下方的資料視圖，畫面變成如下。

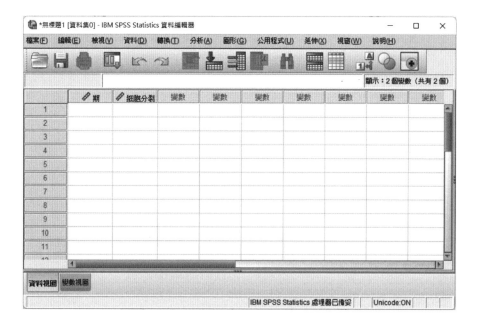

步驟 7　之後就很簡單。將 1, 1, 1, 2, 2, 2,……輸入到期的地方。

步驟 8　其次，將方框向右移動 1 格，在細胞分裂的下方如下輸入數值。

步驟 9 但是，如下的資料檔較為容易看！

步驟 10 想要如此時，在數值的地方按一下，出現如下的畫面。

步驟 11　在值（U）的地方輸入 1，然後在標籤（L）的地方輸入 51 期。

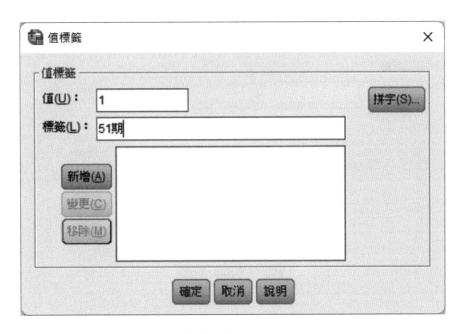

步驟 12　按新增（A），畫面即成為如下。

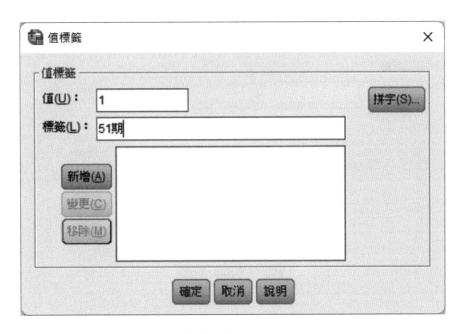

步驟 13 重複步驟 11～12，得出結果如下。

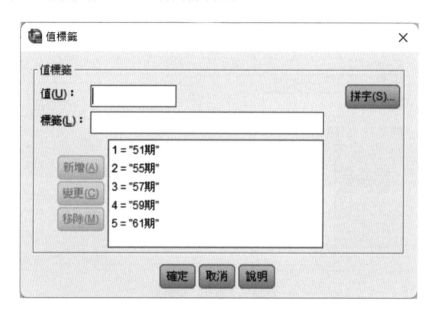

步驟 14 按 確定，並按資料視圖，畫面即成為如下。

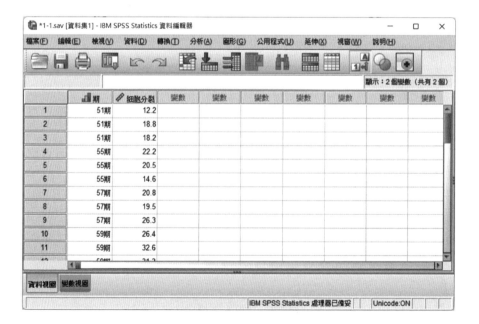

2.2 單因子（無對應因子）的變異數分析

【統計處理的步驟】

步驟1　統計處理是從前面的狀態以滑鼠點選分析（A）開始的。進行單因子的變異數分析時，以滑鼠點選比較平均數法（M）。然後從右邊的子清單之中。

步驟2　選擇單因子變異數分析（O）時，會出現如下的對話框。以滑鼠將細胞分裂改變成淺灰底之後，按一下依變數清單（E）的 ➡。

步驟 3 細胞分裂進入依變數清單（E）的方框之中，接著，將期改變成藍色後，此次點選因子（F）的 ■。

步驟 4 於是，變成如下。
想進行等變異性的檢定時，按一下畫面右下的選項（O）。

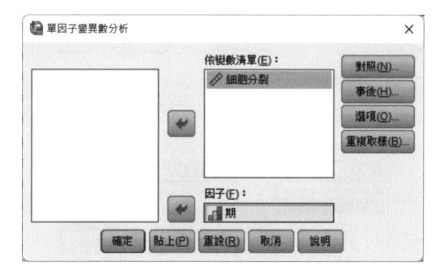

步驟 5　按一下統計量之下的變異數同質性檢定（H），將□變成為☑。
接著，按 繼續。

步驟 6　想進行多重比較時，按一下事後（H）。

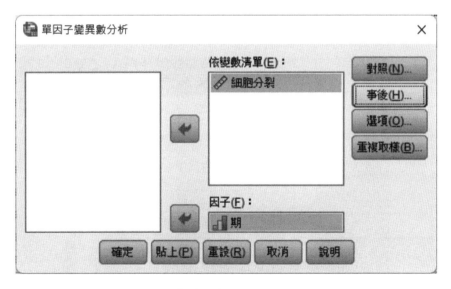

【註】事後檢定其英文是 post hoc 檢定。

步驟 7 想利用 Scheffe 的線性對比進行多重比較時，按一下 Scheffe 法。

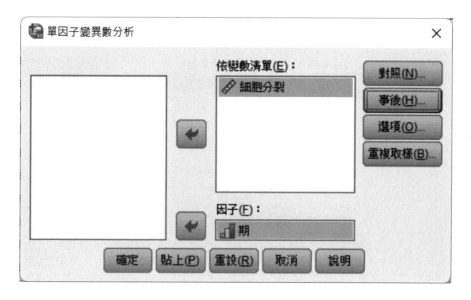

步驟 8 之後，按 繼續 再按 確定 即告完成。

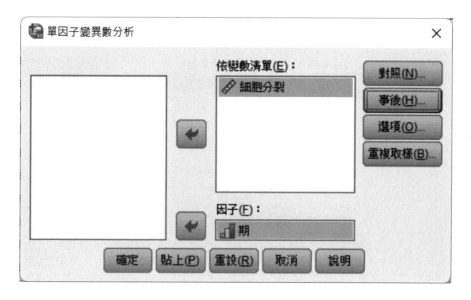

【SPSS 輸出】單因子的變異數分析

變異數同質性檢定

		Levene 統計量	自由度 1	自由度 2	顯著性	
細胞分裂	根據平均數	.971	4	10	.465	← ①
	根據中位數	.126	4	10	.970	
	根據中位數，且含調整的自由度	.126	4	8.201	.969	
	根據修整的平均數	.845	4	10	.528	

變異數分析

細胞分裂

	平方和	自由度	均方	F	顯著性	
群組之間	317.580	4	79.395	7.122	.006	← ②
群組內	111.480	10	11.148			
總計	429.060	14				

①

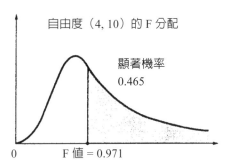

自由度（4, 10）的 F 分配

顯著機率
0.465

0　　F 值 = 0.971

【輸出結果的判讀】

① **Levene 的等變異性檢定以下的假設，即**
　　「假設 H_0：5 個期的變異數彼此相等」。
　　檢定統計量 F = 0.971，此時的顯著機率是 0.465。亦即，

顯著機率 = 0.465 > 顯著水準 $\alpha = 0.05$

因之，假設 H_0 無法被捨棄。因此，可以認爲等變異性是成立的。

② **變異數分析是檢定**

「假設 H_0：5 個期的細胞分裂比例相同」。

檢定統計量 $F = 7.122$，此時的顯著機率是 0.006。亦即，圖示時即爲

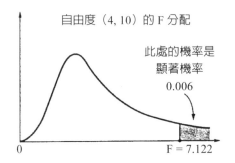
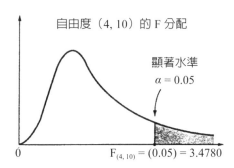

因此，將此顯著機率與顯著水準比較時，由於

顯著機率 = 0.006 < 顯著水準 $\alpha = 0.05$

因之，假設 H_0 被捨棄。因此，5 個期的細胞分裂的比例知有差異。

但是，在調查哪一期與哪一期之間有差異時，就必須進行多重比較。

2.3　多重比較

【統計處理的步驟】

步驟1　多重比較是從以下的畫面（2.2 的步驟 6）開始的。以滑鼠點選事後（H）。

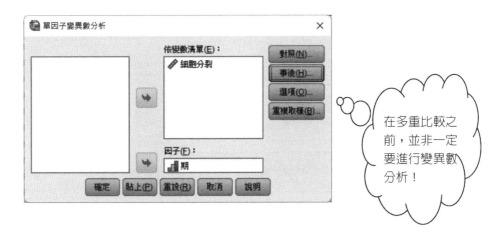

步驟2　像這樣，事實上已開發有各種的多重比較。

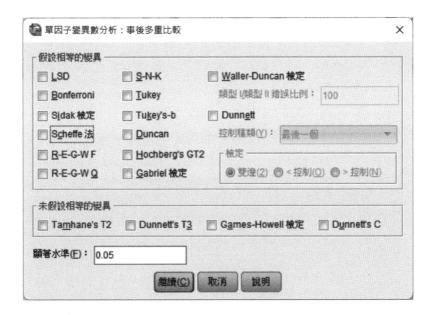

步驟 3 此處試著選擇 Tukey 的方法—Tukey—與 Scheffe 的方法—
Scheffe—與 Bonferroni 的方法—Bonferroni
在各個□的地方點選，如變更成 ☑ 即 ok。
之後，按一下 繼續 。

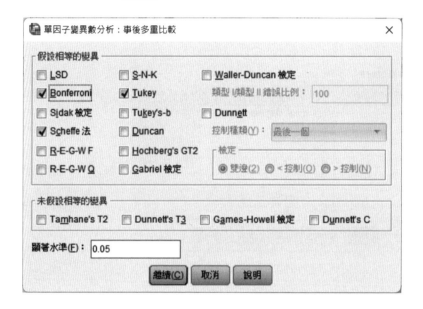

步驟 4　畫面應該回到以下，之後按一下 確定 即結束。

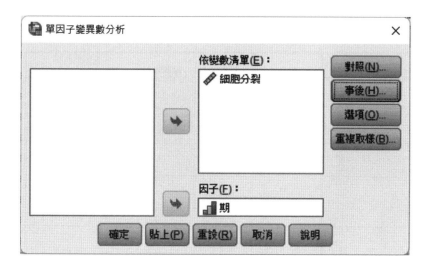

【SPSS 輸出】單因子的多重比較

多重比較

	(I) 期	(J) 期	平均差異 (I-J)	標準誤	顯著性	95% 信賴區間 下界	95% 信賴區間 上界	
Tukey HSD	51期	55期	-2.700	2.726	.854	-11.672	6.272	
		57期	-5.800	2.726	.281	-14.772	3.172	
		59期	-13.700*	2.726	.004	-22.672	-4.728	
		61期	-6.300	2.726	.218	-15.272	2.672	
	55期	51期	2.700	2.726	.854	-6.272	11.672	
		57期	-3.100	2.726	.784	-12.072	5.872	③
		59期	-11.000*	2.726	.016	-19.972	-2.028	
		61期	-3.600	2.726	.686	-12.572	5.372	
	57期	51期	5.800	2.726	.281	-3.172	14.772	
		55期	3.100	2.726	.784	-5.872	12.072	
		59期	-7.900	2.726	.092	-16.872	1.072	
		61期	-.500	2.726	1.000	-9.472	8.472	
Scheffe 法	51期	55期	-2.700	2.726	.906	-12.868	7.468	
		57期	-5.800	2.726	.395	-15.968	4.368	
		59期	-13.700*	2.726	.008	-23.868	-3.532	
		61期	-6.300	2.726	.323	-16.468	3.868	
	55期	51期	2.700	2.726	.906	-7.468	12.868	
		57期	-3.100	2.726	.856	-13.268	7.068	④
		59期	-11.000*	2.726	.033	-21.168	-.832	
		61期	-3.600	2.726	.780	-13.768	6.568	
	57期	51期	5.800	2.726	.395	-4.368	15.968	
		55期	3.100	2.726	.856	-7.068	13.268	
		59期	-7.900	2.726	.156	-18.068	2.268	
		61期	-.500	2.726	1.000	-10.668	9.668	
Bonferroni 法	51期	55期	-2.700	2.726	1.000	-12.464	7.064	
		57期	-5.800	2.726	.593	-15.564	3.964	
		59期	-13.700*	2.726	.005	-23.464	-3.936	
		61期	-6.300	2.726	.434	-16.064	3.464	
	55期	51期	2.700	2.726	1.000	-7.064	12.464	
		57期	-3.100	2.726	1.000	-12.864	6.664	⑤
		59期	-11.000*	2.726	.024	-20.764	-1.236	
		61期	-3.600	2.726	1.000	-13.364	6.164	
	57期	51期	5.800	2.726	.593	-3.964	15.564	
		55期	3.100	2.726	1.000	-6.664	12.864	
		59期	-7.900	2.726	.159	-17.664	1.864	
		61期	-.500	2.726	1.000	-10.264	9.264	

【輸出結果的判讀】

③ 利用 Tukey 法的多重比較

有 * 記號的組合，在顯著水準 5% 下是有差異的。因此，細胞分裂的比例有差異的組合是以下 2 組。

51 期 與 59 期　　　　55 期 與 59 期

④ 利用 Scheffe 法的多重比較
⑤ 利用 Bonferroni 法的多重比較

 Tea Break

在多重比較之前，並非一定需要進行單因子（單因子）的變異數分析。換句話說，單因子的變異數分析之結果，假設即使不被捨棄，如試著進行多重比較時，經常會發現有差異的組合。

Scheffe 的多重比較的結果，可以說是與單因子的變異數分析之結果一致。

2.4 利用Scheffe的線性對比進行多重比較

【統計處理的步驟】

譬如，想檢定

假設 $H_0 : \dfrac{A_1 + A_2 + A_3}{3} - \dfrac{A_4 + A_5}{2} = 0$

時，試利 Scheffe 的線性對比看看。

但是，〔SPSS 輸出〕中的輸出結果並非是多重比較之意義下的檢定。因此，像〔輸出結果的判讀〕那樣，有需要略爲修正檢定統計量。

但是，上面的假設與以下的假設是相同的。

假設 $H_0 : 2A_1 + 2A_2 + 2A_3 - 3A_4 - 3A_5 = 0$

步驟 1 從以下的畫面（2.2節的步驟6）開始。首先以滑鼠點選對照（N）。

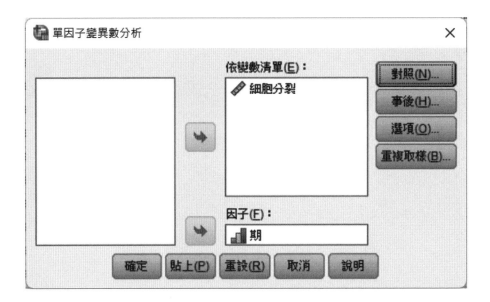

步驟 2　出現以下的畫面。因此，將滑鼠移到係數（O）的方框□之中。

步驟 3　將 2 如下輸入，然後按一下正下方的新增（A）。

步驟 4 接著，按照2→新增（A）→2→新增（A）→−3→新增（A）→−3→
新增（A）輸入，重複按一下。

步驟 5 之後按一下 繼續 時，回到以下的畫面，以滑鼠點選 確定 鈕，如
此即完成。

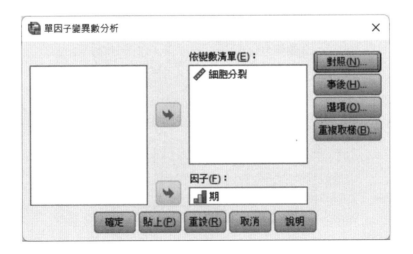

同質子集

細胞分裂

	期	個數	alpha = .05 的子集	
			1	2
Tukey HSDᵃ	51期	3	16.400	
	55期	3	19.100	
	57期	3	22.200	22.200
	61期	3	22.700	22.700
	59期	3		30.100
	顯著性		.218	.092
Scheffe 法ᵃ	51期	3	16.400	
	55期	3	19.100	
	57期	3	22.200	22.200
	61期	3	22.700	22.700
	59期	3		30.100
	顯著性		.323	.156

◀⑥

顯示的是同質子集中組別的平均數。
a. 使用調和平均數樣本大小 = 3.000。

⑥ 此同質子集（subgroup）是將沒有顯著差異的水準整理在同一組。
譬如，以 Tukey 的方法來說，以下的 4 個水準之間
【51 期，55 期，57 期，61 期】
在顯著水準 5%，呈現沒有顯著差異，另外，即使在以下的水準之間
【57 期，61 期，59 期】
在顯著水準 5% 下可以說仍然沒有顯著差異。

【SPSS 輸出】Scheffe 的線性對比

對比係數

對比	期				
	51期	55期	57期	59期	61期
1	2	2	2	-3	-3

◀⑦

對比檢定

		對比	對比值	標準誤	t	自由度	顯著性 (雙尾)
細胞分裂	假設變異數相等	1	-43.000	10.558	-4.073	10	.002
	未假設變異數相等	1	-43.000	9.838	-4.371	8.651	.002

◀⑧

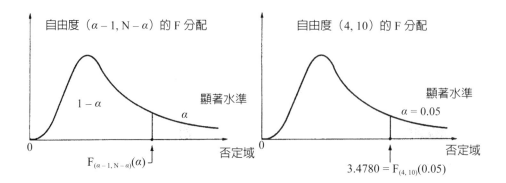

【輸出結果的判讀】

⑦ 此對比係數是表現以下的假設。

假設

$H_0：2A_1 + 2A_2 + 2A_3 - 3A_4 - 3A_5 = 0$

⑧ 此對比的檢定是線性對比，但要注意照這樣並非多重比較。

因此，將此輸出結果如下修正時，才可變成多重比較之意義下的線性對比。

亦即，當

$$\frac{（⑧中所輸出的 \text{ t } 值）^2}{a-1} > F_{(a-1, N-a)}(0.05)$$

時，在多重比較的顯著水準 5% 下假設 H_0 即被捨棄。

以此輸出結果來說，由於

$$\frac{(-4.073)^2}{5-1} = 4.147 > F_{(5-1, 15-5)}(0.05) = 3.4780$$

因之，假設 H_0 被捨棄，知

$$\frac{A_1 + A_2 + A_3}{3} \neq \frac{A_4 + A_5}{2}$$

但是，此輸出結果的 t 值是

$$\frac{|-7.167|}{\sqrt{\dfrac{3 \times \dfrac{1}{9} + 2 \times \dfrac{1}{4}}{3} \times 11.15}} = |-4.073|$$

與 Scheffe 的多重比較的結果一致。

第 3 章
利用反覆測量（有對應因子）的單因子變異數分析與多重比較

本章內容

3.1 前言

　使用表 3.1 的數據，利用 SPSS 對反覆測量（有對應的因子）的單因子進行變異數分析。

　以下的數據是將用藥中的心跳數按用藥前、1 分後、5 分後、10 分後，4 次持續測量所得者。

　＊受驗者因子……時間……4 水準

表 3.1　用藥造成的心跳數

患者　　　　　時間	用藥前	1 分後	5 分後	10 分後
陳一	67	92	87	68
林二	92	112	94	90
張三	58	71	69	62
李四	61	90	83	66
王五	72	85	72	69

　心跳數是否因用藥而發生變化呢？

【註】反覆測量（repeated measures）雖為重複測量，但與變異數分析的重複數的意義是不同的，所以要注意。此處仍使用反覆測量的用語。

【數據輸入的類型】

　此數據的輸入幾乎與第 1 章是相同的。完全沒有問題才是。但輸入患者的姓名時，應注意如下。

　按一下變數視圖後，於名稱的地方輸入患者，於類型的下一方格按一下，然後在數值的旁邊……按一下，再點一下字串，並將小數點 2 改成 0，按確定即可。

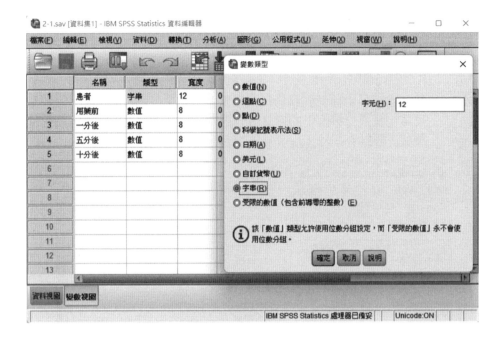

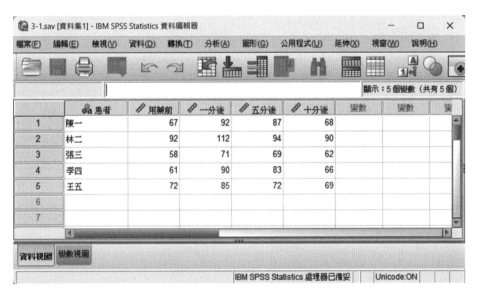

3.2 反覆測量的變異數分析

【統計處理的步驟】

步驟 1 統計處理是從前面的狀態以滑鼠點選分析（A）開始的。然後利用反覆測量進行單因子的變異數分析時，從子清單之中點選一般線性模式（G）。

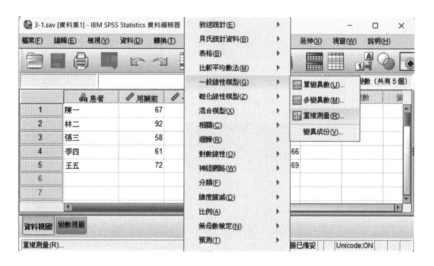

步驟 2 接著，從右邊的小清單選擇重複測量（R）時，即出現如下的對話框。將受試者內的因子名稱（W）之中的因子 1 先改變成時間，也就是有關於時間的對應關係……。

步驟 3　然後，以滑鼠將游標移到層次數（L）的右方方框之中，以鍵盤輸入 4。此 4 是用藥前、1 分後、5 分後、10 分後之組的個數。

步驟 4　接著，以滑鼠點選新增（A）時，方框之中即成為時間（4），點選定義（F）。

步驟 5 不要弄錯反覆測量的順號，將左方框的 4 個變數移到受試者內的變數（W）的方框之中。首先，以滑鼠將用藥前改變成淺灰底後，點選受試者內的變數（W）之左側的 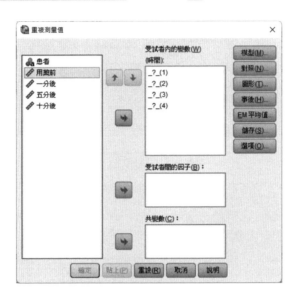。

步驟 6 如下那樣用藥前進入右方的方框之後，接著以滑鼠將 1 分後改變成淺灰底後，以 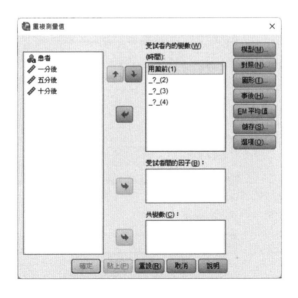 移到受試者內的變數（W）的方框之中。然後，5 分後也是。

步驟 7　最後以滑鼠將十分後改變成淺灰底後，點選 ，移到<u>受試者內的</u>
<u>變數（W）</u>的方框之中。

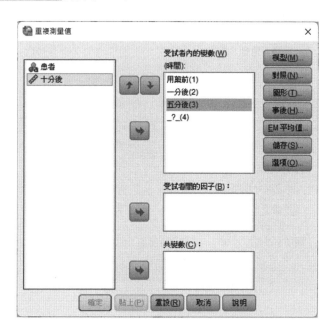

☕ Tea Break

想輸出輪廓圖時，按一下圖形（T），將時間加入橫軸（H），按一下新增
（A）。

步驟 8 變成了以下的畫面時，即告完成。之後按一下 確定 。但是，想進行 Bartlett 的球面性檢定時，按一下選擇（O）。

再按一下殘差 SSCP 矩陣（C），接著按一下 繼續 。

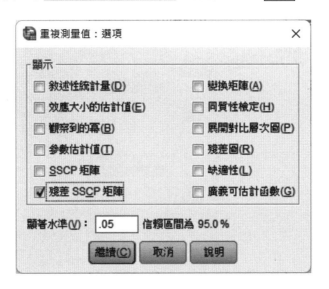

 Tea Break

　　「重複測量 ANOVA」程序可以對重複測量資料進行多變量分析。您也可以檢定平衡或不平衡的模式。所謂平衡模式，就是模式中的每個儲存格所含之觀察值個數相同。在多變量模型中，因模型中的效應產生的平方和與誤差平方和都是矩陣形式。這些矩陣稱為 SSCP（交叉乘積平方和）矩陣。除了檢定假設之外，「重複測量 ANOVA」也可產生參數估計值。

　　同一受試者重複參與一因子內每一層次的測量，此因子便稱為受試者內因子（within factor）。受試者內因子通常是研究者可操控的因子，如時間。受試者沒有參與因子內每一層次，此因子稱為受試者間因子（between factor）。受試者間因子通常是研究者不可操控的因子，如個案的性別、年齡。

【SPSS 輸出 1】反覆測量的變異數分析

一般線性模式

受試者內因子

測量: MEASURE_1

時間	依變數
1	用藥前
2	一分後
3	五分後
4	十分後

Bartlett 的球形檢定 a

概似比	.000
近似卡方分配	19.871
自由度	9
顯著性	.044

← ②

檢定殘差共變量矩陣的虛無假設，是識別矩陣的一部份。

a.
設計: Intercept
受試者內設計: 時間

多變量檢定 b

效應項		數值	F檢定	假設自由度	誤差自由度	顯著性
時間	Pillai's Trace	.933	9.236a	3.000	2.000	.099
	Wilks' Lambda 變數選擇法	.067	9.236a	3.000	2.000	.099
	多變量顯著性檢定	13.854	9.236a	3.000	2.000	.099
	Roy 的最大平方根	13.854	9.236a	3.000	2.000	.099

← ①

a. 精確的統計量

【輸出結果的判讀 1】

① 有對應的數據時，以分析方法來說，可以考慮以下 2 種。

　　1. 反覆測量的變異數分析

　　2. 多變量變異數分析

　　此處的多變量檢定是第 2 項的多變量變異數分析，檢定以下的假設 H_0。

　　假設 H_0：$(x_2 - x_1, x_3 - x_1, x_4 - x_1) = (0, 0, 0)$

　　其中，x_1 = 用藥前，x_2 = 1 分後，x_3 = 5 分後，x_4 = 10 分後

　　因此，假設 H_0 不被捨棄時，由於

　　1 分後──用藥前 = 0，5 分後──用藥前 = 0，10 分後──用藥前 = 0

　　因之，

用藥前 = 1 分後 = 5 分後 = 10 分後

亦即，得出心跳數沒有差異的結論。

觀察輸出結果時，由於

顯著機率 = 0.099 > 顯著水準 α = 0.05

因之，假設 H_0 不被捨棄。因之，可以想成心跳數不因用藥而有變化。

此多變量檢定比④的受驗者內效果的檢定，難以出現差異。

② Bartlett 的球面性檢定，是檢定以下的假設 H_0。

4 變量——用藥前、1 分後、5 分後、10 分後——的變異共變異矩陣設爲Σ時，

假設 H_0：$\Sigma = \sigma^2 \cdot I$

此假設與 4 變量相互獨立且等變異是相同的。

觀察輸出結果時，顯著機率是 0.044，因之，假設 H_0 被捨棄。因此，此 4 個變量之間知有某種的關聯。

【註】此多變量檢定，不需要 Mauchly 的球面性的假設。

進行反覆測量的變異數分析時，首先需要Mauchly 的球面性的檢定。

【SPSS 輸出 2】反覆測量的變異數分析

Mauchly 球面性檢定 [b] ◀③

測量：MEASURE_1

受試者內效應項	Mauchly's W	近似卡方分配	自由度	顯著性	Epsilon[a] Greenhouse -Geisser	Huynh-Feldt 值	下限
時間	.101	6.246	5	.310	.555	.902	.333

在 Mauchly 的球面性檢定中，當假設被捨棄時，利用 Greenhouse · Geisser 的或 Huynh-Feldt 的 ε，必須修正顯著機率。此時所修正的顯著機率之值，如利用樞軸（pivot）（P）時，輸出如下。

受試者內效應項的檢定

測量：MEASURE_1

來源		型 III 平方和	自由度	平均平方和	F 檢定	顯著性
時間	假設爲球形	1330.000	3	443.333	17.500	.000
	Greenhouse-Geisser	1330.000	1.664	799.215	17.500	.003
	Huynh-Feldt 值	1330.000	2.706	491.515	17.500	.000
	下限	1330.000	1.000	1330.000	17.500	.014
誤差（時間）	假設爲球形	304.000	12	25.333		
	Greenhouse-Geisser	304.000	6.657	45.669		
	Huynh-Feldt 值	304.000	10.824	28.087		
	下限	304.000	4.000	76.000		

◀ 表的上方按兩下時，附有斜線的方框即出現，在畫面的上方發現樞軸（P）

↑ Greenhouse · Geisser 的自由度 1.644 = 3×0.555
Huynh-Feldt 的自由度 2.706 = 3×0.902

【註】3 變量 x_1，x_2，x_3 利用正規直交變換所做成的 2 變量 z_1，z_2 的變異
共變異矩陣設爲 Σ 時，調查假設 $H_0 : \Sigma = \sigma^2 \cdot I$ 是否成立，稱爲
Mauchly's test of sphericity。

調查假設 H_0：母變異共變異矩陣（Σ）等於單位矩陣（I）的常數倍
當 3 變量時，調查

$$\text{假設 } H_0 : \begin{bmatrix} \sigma_1^2 & \sigma_{12} & \sigma_{13} \\ \sigma_{12} & \sigma_2^2 & \sigma_{23} \\ \sigma_{13} & \sigma_{23} & \sigma_3^2 \end{bmatrix} = \sigma^2 \begin{bmatrix} 1 & 0 & 0 \\ 0 & 1 & 0 \\ 0 & 0 & 1 \end{bmatrix} = \sigma^2 \cdot I$$

稱爲 Bartlett's test of sphericity。

【輸出結果的判讀 2】

③ Mauchly 的球面性檢定稍微複雜，譬如，以此數據來說，從 4 變量 $x_1 =$
用藥前、$x_2 = 1$ 分後、$x_3 = 5$ 分後、$x_4 = 10$ 分後，利用如下的正規直交變
換所做成的 3 變量 z_1, z_2, z_3。

從屬變數	變換變數		
	Z_1	Z_2	Z_3
用藥前	-.671	.500	-.224
1 分後	-.224	-.500	.671
5 分後	.224	-.500	-.671
10 分後	.671	.500	.224

的變異共變異矩陣設爲 Σ 時，檢定

$$\text{假設 } H_0 : \Sigma = \sigma^2 \begin{pmatrix} 1 & 0 & 0 \\ 0 & 1 & 0 \\ 0 & 0 & 1 \end{pmatrix} \quad \longleftarrow \text{球面性的假設}$$

是否成立。觀察輸出結果時，由於
顯著機率 0.310 > 顯著水準 $\alpha = 0.05$
所以假設 H_0 不被捨棄，亦即，球面性的假定是成立的。
此假定不成立時，知受試者內效應項的檢定的顯著機率即變小。
此假設也稱爲 Huynh-Feldt 的條件，簡言之 Huynh-Feldt 的條件（= 球面
性的假定）不成立時，將 Greenhouse-Geisser 的 ε 或 Huynh-Feldt 的 ε 乘上
F 分配的 2 個自由度，減小自由度，必須重新計算顯著機率。

【註】ε 之值接近 0 時，並非是反覆測量的變異數分析，要利用多變量變異
　　　數分析。

【SPSS 輸出 3】反覆測量的變異數分析

受試者內效應項的檢定

測量：MEASURE_1

來源		型 III 平方和	自由度	平均平方和	F 檢定	顯著性
時間	假設為球形	1330.000	3	443.333	17.500	.000
	Greenhouse-Geisser	1330.000	1.664	799.215	17.500	.003
	Huynh-Feldt 值	1330.000	2.706	491.515	17.500	.000
	下限	1330.000	1.000	1330.000	17.500	.014
誤差（時間）	假設為球形	304.000	12	25.333		
	Greenhouse-Geisser	304.000	6.657	45.669		
	Huynh-Feldt 值	304.000	10.824	28.087		
	下限	304.000	4.000	76.000		

 ④

受試者內效應項的檢定

測量：MEASURE_1

來源	時間	型 III 平方和	自由度	平均平方和	F 檢定	顯著性
時間	線性	9.000	1	9.000	.687	.454
	二次方	1125.000	1	1125.000	22.959	.009
	三次方	196.000	1	196.000	14.101	.020
誤差（時間）	線性	52.400	4	13.100		
	二次方	196.000	4	49.000		
	三次方	55.600	4	13.900		

← ⑤

剖面圖

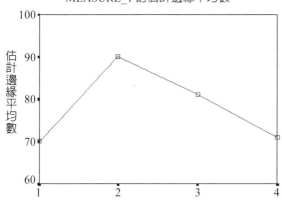

MEASURE_1 的估計邊緣平均數

← 要輸出剖面圖時，點選圖
　形（T），將時間列入橫軸
　（H），按新增（A）時，
　即出現此圖。

【輸出結果的判讀 3】

④ 此處是反覆測量的變異數分析的主要部分！

檢定以下的假設：

假設 H_0：在用藥前、1 分後、5 分後、10 分後心跳的變化沒有差異

觀察此輸出結果時，

顯著機率是 0.000，亦即

顯著機率 = 0.000 < 顯著水準 $\alpha = 0.05$

因之，假設被捨棄。因此，知用藥前、1 分後、5 分後、10 分後心跳數出現變化。用其他的表現方式時，此藥對心跳數有影響。

⑤ 受驗者內對比的檢定準備有以下 6 種。

$$\begin{cases} 與總平均之差，與參照之差，逆\ Helmert \\ Helmert，與正後方之差，多項式（這是\ Default） \end{cases}$$

但是，此輸出結果，變成了多項式對比。

所謂多項式對比是指

$$\begin{cases} 時間\ 1\cdots\cdots利用\ 1\ 次式檢定多項式迴歸 \\ 時間\ 2\cdots\cdots利用\ 2\ 次式檢定多項式迴歸 \\ 時間\ 3\cdots\cdots利用\ 3\ 次式檢定多項式迴歸 \end{cases}$$

時間 2 的地方的顯著機率是 0.009，比顯著水準 $\alpha = 0.05$ 小。

因此，以此數據來說，知利用 2 次式的多項式迴歸是合適的。

3.3 多重比較

對於反覆測量的數據、時間性測量的數據或者是有對應關係的數據來說，調查用藥前→ 1 分後→ 5 分後→ 10 分後之變化類型是主要目的，因之像 Tukey 的方法利用所有組合的多重比較並不太有意義。

可是，感興趣的是

1. 與用藥前的心跳數出現差異的是幾分後？

2. 哪一個時點心跳數最高？

像此種時候，如下將數據重排後再進行多重比較看看。

此與無重複的 2 元配置的變異數分析是相同的。

【數據輸入的類型】

【統計處理的步驟】

步驟 1　以滑鼠點選分析（A），從一般線性模型（G）的清單之中選擇單變異數（U）時……。

步驟 2　出現以下畫面，因之點選心跳數，使改變成淺灰底。

步驟 3　以滑鼠按一下應變數（D）時，心跳數移到應變數（D）的方框之中。

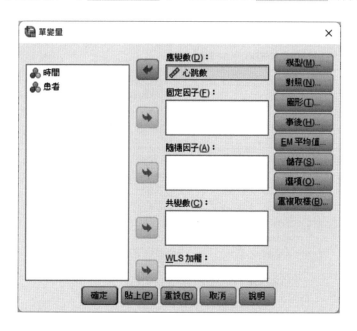

步驟 4　同時點選患者與時間，按一下固定因子（F）的左方的  時，畫面即變成下方那樣。
因此，點選事後（H）時……。

步驟 5 由於變成以下的畫面，因之只要點選因子（F）下方的時間改變成淺灰色之後，按一下此項目的事後檢定（P）的左側的 。

步驟 6 以此數據的情形來說，由於想調查與用藥前有差異的組，因之從許多的多重比較之中選擇 Dunnett（E）。

步驟 7　用藥前由於成為控制類別，因之不要忘了將最後先改變成第一個。

步驟 8　按一下 繼續 時，回到以下的畫面。
但是，如此無法進行多重比較。換言之，此數據是無重複的 2 元配置，因之，必須當作沒有交互作用項。

步驟 9 是故，以滑鼠按一下畫面右上的模型（M），出現如下的畫面，因之再按一下建置項目（B）。

步驟 10 於是畫面的文字變成淺灰，點選患者（F），按一下 。

步驟 11　接著，點選時間（F）之後，按一下 。

![Tea Break]

亦即，將交互作用
　　　患者 × 時間
不放入模式之中。

步驟 12 之後以滑鼠按 繼續 時，畫面回到以下，點選 確定 鈕。

Tea Break

　　在變異數分析中，因子是固定的或隨機的。一般而言，如果調查人員控制因子水準，則因子是固定的。另一方面，如果調查人員從總體隨機抽取因子水準作為樣本，則因子是隨機的。

　　假設某一因子為「操作員」，且該因子具有 3 個水準。如果有意選擇這 3 個操作員，並且要將結果僅應用於這些操作員，則因子是固定的。但是，如果這 3 名操作員是從大量操作員中隨機抽取的樣本，且要將結果應用於所有操作員，則該因子為隨機因子。

【SPSS 輸出】反覆測量時的多重比較

受試者間因子

		數值註解	個數
時間	0	用藥前	5
	1	一分後	5
	2	五分後	5
	3	十分後	5
患者	1	陳一	4
	2	林二	4
	3	張三	4
	4	李四	4
	5	王五	4

受試者間效應項的檢定

依變數：心跳數

來源	型 III 平方和	自由度	平均平方和	F 檢定	顯著性	
校正後的模式	3536.000ª	7	505.143	19.940	.000	
截距	121680.000	1	121680.000	4803.158	.000	
患者	2206.000	4	551.500	21.770	.000	
時間	1330.000	3	443.333	17.500	.000	←⑥
誤差	304.000	12	25.333			
總和	125520.000	20				
校正後的總數	3840.000	19				

a. R 平方 = .921 (調過後的 R 平方 = .875)

Post Hoc 檢定

時間

多重比較

依變數：心跳數
Dunnett t (2 面)ª

(I) 時間	(J) 時間	平均數差異 (I-J)	標準誤	顯著性	95% 信賴區間	
					下限	上限
一分後	用藥前	20.00*	3.18	.000	11.46	28.54
五分後	用藥前	11.00*	3.18	.012	2.46	19.54
十分後	用藥前	1.00	3.18	.978	-7.54	9.54

←⑦

以觀察的平均數為基礎。

*. 在水準 .05 上的平均數差異顯著。

a. Dunnett t-檢定將組別視為控制，並比較所有與其對照的其他組別。

【輸出結果的判讀】

⑥ 此檢定，變成了無重複 2 元配置的變異數分析。應注意的地方是關於時間的 F 值是 17.500，與〔 SPSS 輸出 3 〕的 F 值是一致的。

⑦ 此多重比較是利用 Dunnett 的方法的多重比較。

表中有＊記號的組合，在多重比較的顯著水準 5% 下是有差異的。因此用藥前與 1 分後，用藥前與 5 分後的心跳數是有差異的。

亦即，因用藥可以看出心跳數有變化的是 1 分後，它的狀態在 5 分後也仍持續，10 分後即回到用藥前的心跳數。即使觀察以下的輪廓圖，也可以實際感受此事。

剖面圖

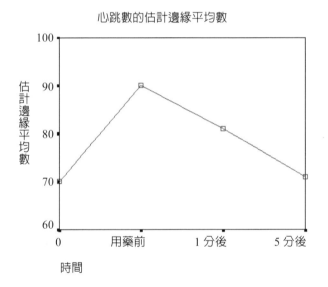

心跳數的估計邊緣平均數

【註】在對照組（control）與實驗組（處理組）之間進行多重比較的方法稱為 Dunnett's test。

有一個對照組，找出對照組與實驗組之間有無差異，但實驗組之間有無差異則不關心。

第 4 章
Kruskal-Wallis 的檢定與多重比較

本章内容

4.1 前言

使用表 4.1 的數據，利用 SPSS 進行 Kruskal-Wallis 的檢定看看。

以下的數據是針對 3 種麻醉藥 A, B, C 測量麻醉的持續時間（分）。

表 4.1　3 種麻醉藥的持續時間

麻醉藥 A 時間（分）	麻醉藥 B 時間（分）	麻醉藥 C 時間（分）
43.6	27.4	18.3
56.8	38.9	21.7
27.3	59.4	29.5
35.0	43.2	15.6
48.4	15.9	9.7
42.4	22.2	16.0
25.3	52.4	7.5
51.7		

　　想了解 3 種麻醉藥的持續時間是否有差異，但是當母體的常態性與等變異性有疑問時，適用無母數檢定。

【註】常態性的檢定 H_0：數據的母體服從常態分配

可利用 Kolmogorov-Smirnov 檢定或適合度檢定，但利用常態機率紙最容易了解。

等變異數性的檢定 H_0：$\sigma_1^2 = \sigma_2^2 = \cdots \sigma_k^2$

可利用 Levene 檢定。

【數據輸入的類型】

　　此數據與第 1 章的數據幾乎相同，因此，一面觀察第 1 章的步驟，一面輸入看看。

　　當然，使用此數據也可以進行 1 元配置的變異數分析，因之如果與 Kruskal-Wallis 的檢定結果比較時，也許會發現有趣的地方。

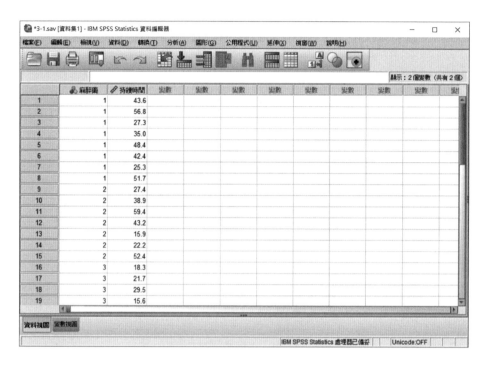

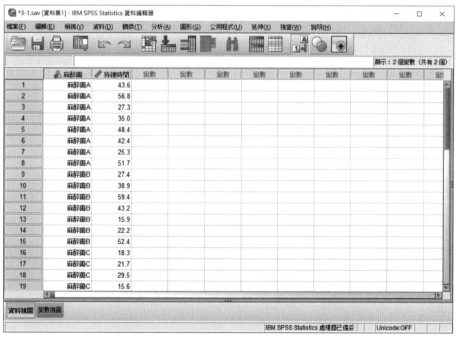

4.2 Kruskal-Wallis**的檢定**

【統計處理的步驟】

步驟 1　當進行 Kruskal-Wallis 的檢定時，從清單之中點選無母數檢定（N）。

步驟 2　再從舊式對話框的右側的子清單選擇 K 個獨立樣本的檢定（K）。於是，出現如下的對話框。

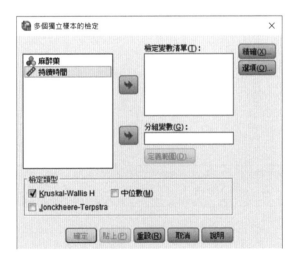

步驟 3　點選持續時間改變成淺灰底後，按一下 檢定變數清單（T） 左側的
　　　　　　 。

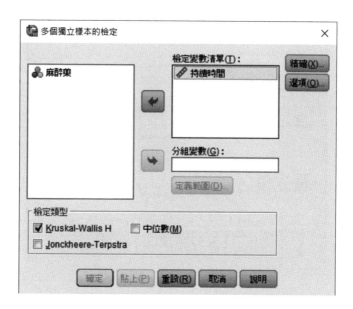

步驟 4　接著，點選麻醉藥，這一次按一下 分組變數（G） 之左側的 時，
　　　　　　就變成 麻醉藥（？？） 。

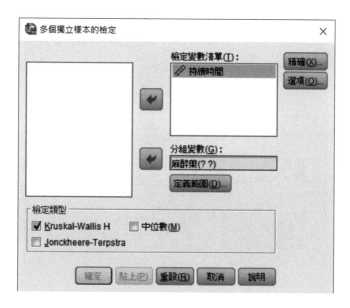

步驟 5 試著按一下分組變數（G）下方的定義範圍（D）。

步驟 6 將 1 輸入最小值（N）的方框中，將 3 輸入到最大值（X）的方框中。換言之，數據被分成 3 組。以滑鼠按一下 繼續 。

步驟 7 檢定類型點選 Kruskal-Wallis H（預設）。

步驟 8 回到以下的畫面，之後按一下 確定 即告結束。

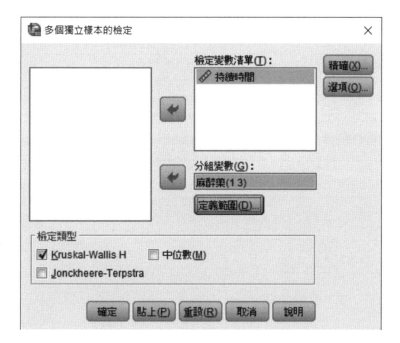

【SPSS 輸出】

．NPar 檢定

Kruskal-Wallis 檢定

等級

	麻醉藥	個數	等級平均數
持續時間	A	8	15.25
	B	7	13.57
	C	7	5.14
	總和	22	

檢定統計量 a.b

	持續時間
卡方	10.089
自由度	2
漸近顯著性	.006

← ①

a. Kruskal Wallis 檢定
b. 分組變數：麻醉藥

 Tea Break

　利用正確機率檢定時，並非是近似值，可以計算真正的顯著機率。數據數很少時，利用卡方分配作為檢定統計量的近似其適配並不太好，因之要進行正確機率檢定。

【輸出結果的判讀】

① Kruskal-Wallis 的檢定，是檢定以下的假設：

假設 H_0：3 種麻醉藥的持續時間互為相等

檢定統計量是 10.089，此時的顯著機率是 0.006，

顯著機率 0.006 < 顯著水準 $\alpha = 0.05$

因之，假設 H_0 被捨棄，知 3 種麻醉藥的持續時間是有差異的。

但是，哪一個麻醉藥與哪一個麻醉藥之間有差異呢？

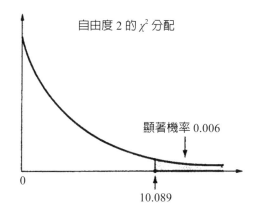

【註】

Kruskal-Wallis 檢定：調查獨立的 3 個以上組間有無差異。

Friedman 檢定：調查有對應的 3 個以上組間有無差異。

Wilcoxon 等級和檢定：調查獨立的 2 個組間有無差異。

Wilcoxon 符號等級檢定：調查有對應的 2 組間有無差異。

4.3 多重比較

【統計處理的步驟】

如利用 Bonferroni 的不等式來修正時，即可利用無母數檢定進行多重比較。Kruskal-Wallis 的檢定是 Wilcoxon 的等級和檢定的一般化。因此，對於以下 3 組的組合

$$\begin{cases} A \ 與 \ B \\ A \ 與 \ C \\ B \ 與 \ C \end{cases}$$

而言，進行各自的 Wilcoxon 的等級和檢定，顯著機率比 $\dfrac{\alpha}{3} = \dfrac{0.05}{3}$ 小的組合，即可下結論說有顯著差異。

步驟 1　按一下分析（A），從無母數檢定（N）右側的舊式對話框清單中選擇 2 個獨立樣本檢定。

步驟2　將持續時間移到檢定變數清單（T）的方框中，將麻醉藥移到分組變數（G）的方框中時，即成為麻醉藥（？？）

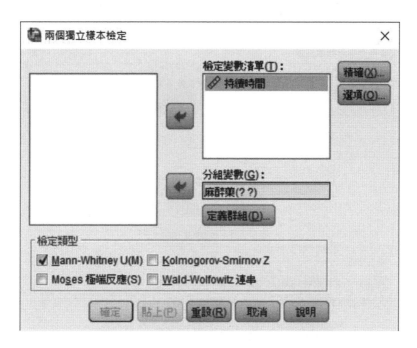

步驟3　想調查的組合是麻醉藥（1,2）與麻醉藥（1,3）與麻醉藥（2,3），因之首先按一下定義群組（D）。接著，如下方將 1 輸入到群組 1 的右方，將 2 輸入到群組 2 的右方。點選 繼續。

　　　　如回到步驟2的畫面時，應該是成為麻醉藥（1,2），按 確定 鈕即開始計算。

步驟 4　計算結束時，與步驟 1 一樣，依序按一下分析（A）→無母數檢定（N）→ 2 個獨立樣本檢定時，畫面應該成爲下方那樣。
因此，點選麻醉藥（1, 2），再點選定義群組（D）。

步驟 5　畫面之中，由於組 1（1）出現 1，組 2（2）出現 2，因之使用滑鼠將 2 變更爲 3，按一下繼續。

步驟 6　於是，分組變數（G）的方框之中如下變成麻醉藥（1, 3），因之，
點選 確定 鈕。
因此，組 1 與組 3 的組合即開始進行 Wilcoxon 等級和檢定。

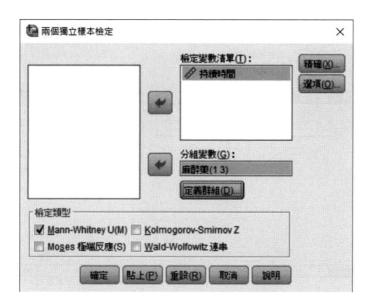

步驟 7　同樣，將分組變數（G）的地方變更成麻醉藥（2, 3）後計算時，
針對所有組合的 Wilcoxon 等級和檢定即結束。

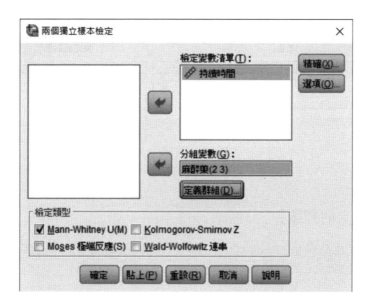

【SPSS 輸出】Kruskal-Wallis 檢定的多重比較

NPar 檢定

Mann-Whitney 檢定

等級

	麻醉藥	個數	等級平均數	等級總和
持續時間	A	8	8.50	68.00
	B	7	7.43	52.00
	總和	15		

檢定統計量[b]

	持續時間
Mann-Whitney U 統計量	24.000
Wilcoxon W 統計量	52.000
Z檢定	-.463
漸近顯著性 (雙尾)	.643 |← ②
精確顯著性 [2*(單尾顯著性)]	.694[a]

a. 未對等值結做修正。
b. 分組變數：麻醉藥

等級

	麻醉藥	個數	等級平均數	等級總和
持續時間	A	8	11.25	90.00
	C	7	4.29	30.00
	總和	15		

檢定統計量[b]

	持續時間
Mann-Whitney U 統計量	2.000
Wilcoxon W 統計量	30.000
Z檢定	-3.009 |← ③
漸近顯著性 (雙尾)	.003
精確顯著性 [2*(單尾顯著性)]	.001[a]

a. 未對等值結做修正。
b. 分組變數：麻醉藥

等級

	麻醉藥	個數	等級平均數	等級總和
持續時間	B	7	10.14	71.00
	C	7	4.86	34.00
	總和	14		

檢定統計量[b]

	持續時間
Mann-Whitney U 統計量	6.000
Wilcoxon W 統計量	34.000
Z檢定	-2.364 |← ④
漸近顯著性 (雙尾)	.018
精確顯著性 [2*(單尾顯著性)]	.017[a]

a. 未對等值結做修正。
b. 分組變數：麻醉藥

【輸出結果的判讀】

想對 3 種麻醉藥進行多重比較，如將 klm 的精確顯著機率與顯著水準 $\alpha = 0.05$ 分別比較時，就不是多重比較。

　　因此，為了進行多重比較，必須利用 Bonferroni 的不等式進行修正。此事並非太難，將所輸出的 klm 的精確顯著機率與 $\frac{\alpha}{3} = \frac{0.05}{3}$ 分別比較即可。

因此，滿足

精確顯著機率 $< \frac{\alpha}{3} = \frac{0.05}{3} = 0.0167$

的組合是 A 與 C。

B 與 C 的精確顯著機率是 0.017，照這樣有無差異並不清楚。

無母數檢定時，要利用 SPSS 的精確顯著機率（exact tests）。

 Tea Break

　　Mann-Whitney 檢定與 Wilcoxon 的等級和檢定，名稱雖然不同，但檢定結果是相同的。

　　Mann-Whitney 檢定是調查 2 個組間有無差異（與 Wilcoxon 的等級和檢定相同）。

　　H_0：2 個組相同

　　Mann-Whitney 的統計檢定量設為 MW，Wilcoxon 的等級和檢定統計量設為 W 時，則

$$MW = W - \frac{N(N+1)}{2}$$

W 表 2 個組的等級和的小的一方，N 是該組的數據數。

Note

第5章
Friedman檢定與多重比較

本章內容

5.1 前言

使用表 5.1 的數據，利用 SPSS 進行 Friedman 檢定看看。此數據與表 3.1 的數據完全相同

當母體的常態性有問題時，要進行無母數檢定。

以下的數據是調查因用藥造成的心跳數。

表 5.1　用藥造成的心跳數

時間 患者名	用藥前	1 分後	5 分後	10 分後
陳一	67	92	87	68
林二	92	112	94	90
張三	58	71	69	62
李四	61	90	83	66
王五	72	85	72	69

【數據輸入的類型】

5.2 Friedman 檢定

【統計處理的步驟】

步驟 1　按一下分析（A），從無母數檢定（N）的清單中，選擇 K 個相關樣本的檢定（S）。

步驟 2　出現以下的畫面，點選用藥前，然後按一下  時，用藥前即移動到檢定變數（T）方框之中。

步驟 3 同樣，依序框選所有的變數移到檢定變數（T）的方框之中。

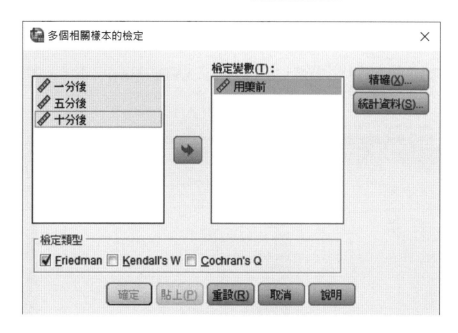

步驟 4 如變成以下時，之後只要以滑鼠按 確定 即可。

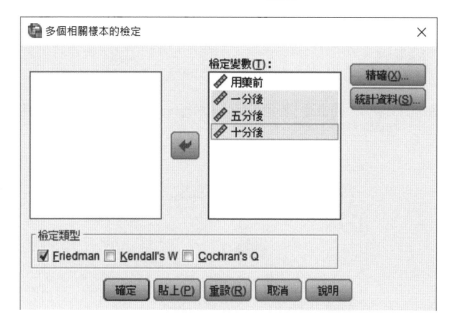

【SPSS 輸出】Friedman 檢定

NPar 檢定

Friedman 檢定

等級

	等級平均數
用藥前	1.50
一分後	4.00
五分後	2.90
十分後	1.60

檢定統計量 [a]

個數	5
卡方	12.918
自由度	3
漸近顯著性	.005

← ①

a. Friedman 檢定

【輸出結果的判讀法】

Friedman 檢定的假設是

「假設 H_0：用藥前、1 分後、5 分後、10 分後的心跳數沒有差異」

觀察輸出結果時，檢定統計量是卡方 = 12.918，此時的顯著機率是 0.005。

因此，依據

顯著機率 0.005 < 顯著水準 $\alpha = 0.05$

假設 H_0 被捨棄，因之從用藥前到 10 分後的心跳數知有差異。

亦即，心跳數因用藥而有改變！

那麼，與用藥前的心跳數出現差異是幾分後呢？

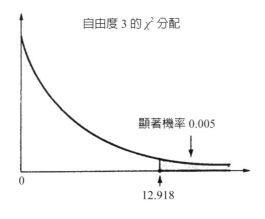

自由度 3 的 χ^2 分配

顯著機率 0.005

0

12.918

5.3　多重比較

　　像反覆測量的數據或時間性測量的數據，利用 Tukey 的方法對所有的組合進行多重比較被認爲不太有意義。

　　將用藥前當作控制組（control）想進行多重比較時，可利用 Bonferroni 的不等式進行修正看看。

　　因此，就以下 3 種組合：

　　用藥前與 1 分後、用藥前與 5 分後、用藥前與 10 分後

　　分別進行 Wilcoxon 的符號等級檢定，顯著機率比 $\dfrac{\alpha}{3}\left(\dfrac{0.05}{3}\right)$ 小的組合，即可下結論說有顯著差異。

【數據輸入的類型】

【統計處理的步驟】

步驟 1 按一下分析（A），從無母數檢定（N）的舊式對話框清單之中，選擇 2 個相關樣本檢定（L）。

步驟 2 出現以下的畫面，因之點選用藥前與 1 分後變成深灰底後，再以滑鼠按一下 ⬅。

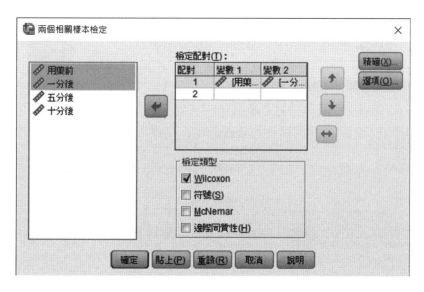

步驟 3　檢定配對（T）的方框之中變成用藥前──一分後。同樣，
用藥前與五分後
用藥前與十分後
也移到右方的方框之中。

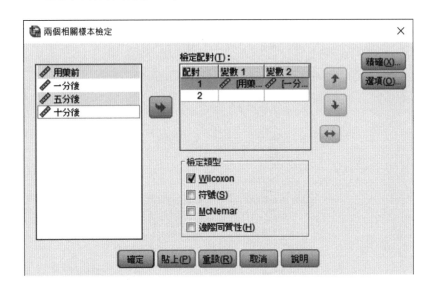

步驟 4　檢定配對（T）的方框之中變成如下時，準備已就緒。
之後以滑鼠按一下 確定 鈕。

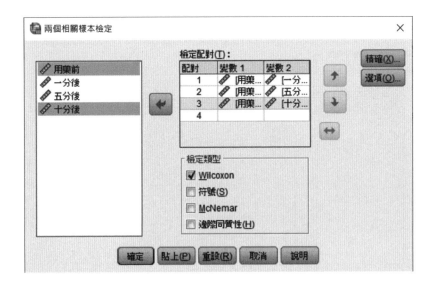

【SPSS 輸出】Friedman 檢定的多重比較

NPar 檢定

Wilcoxon 符號等級檢定

等級

		個數	等級平均數	等級總和
一分後 - 用藥前	負等級	0[a]	.00	.00
	正等級	5[b]	3.00	15.00
	等值結	0[c]		
	總和	5		
五分後 - 用藥前	負等級	0[d]	.00	.00
	正等級	4[e]	2.50	10.00
	等值結	1[f]		
	總和	5		
十分後 - 用藥前	負等級	2[g]	2.50	5.00
	正等級	3[h]	3.33	10.00
	等值結	0[i]		
	總和	5		

a. 一分後 < 用藥前
b. 一分後 > 用藥前
c. 用藥前 = 一分後
d. 五分後 < 用藥前
e. 五分後 > 用藥前
f. 用藥前 = 五分後
g. 十分後 < 用藥前
h. 十分後 > 用藥前
i. 用藥前 = 十分後

檢定統計量 [a]

	一分後 - 用藥前	十分後 - 五分後	十分後 - 用藥前
Z 檢定	-2.032[a]	-2.023[b]	-.674[c]
漸近顯著性（雙尾）	.042	.043	.500	← ②

a. 以負等級為基礎。
b. 以正等級為基礎。
c. Wilcoxon 符號等級檢定。

【輸出結果的判讀】

② 此檢定是 Wilcoxon 的符號等級檢定，假設分別為

「假設 H_0：用藥前與 1 分後的心跳數相等」

「假設 H_0：用藥前與 5 分後的心跳數相等」

「假設 H_0：用藥前與 10 分後的心跳數相等」

因此，想進行多重比較時，利用 Bonferroni 的不等式，顯著機率比 $\dfrac{\alpha}{3} = \dfrac{0.05}{3}$ 小的組合視為有差異。

但是，觀察輸出結果時，顯著機率分別為 0.042, 0.043, 0.500，任一者均比 0.05/3 大，因之利用 Bonferroni 的多重比較，對任一組合之間不能說有差異。

前面的 Friedman 檢定，雖然說至少有一組之間出現差異，卻不知何組之間有差異。

Tea Break

　　像這樣，變異數分析的結果與多重比較的結果不一定經常會一致。但是，利用 Scheffe 法的多重比較可以說與變異數分析的結果是一致的。

第 6 章
雙因子（無對應因子與無對應因子）之變異數分析與多重比較

本章內容

6.1 前言

使用表 6.1 的數據，利用 SPSS 進行雙因子（無對應因子與無對應因子）的變異數分析與多重比較看看。

以下的數據是就表皮細胞分裂的比率進行調查而得者。就藥劑的時間與藥劑的量之 12 組測量 3 次。各水準間是否有差異呢？而且，2 個因子之間存在交互作用嗎？

表 6.1　調查藥劑的效果

藥劑量 藥劑時間			因子 B		
			水準 B₁ 100μg	水準 B₂ 600μg	水準 B₃ 2400μg
因子 A	水準 A₁	3 小時	13.2 15.7 11.9	16.1 15.7 15.1	9.1 10.3 8.2
	水準 A₂	6 小時	22.8 25.7 18.5	24.5 21.2 24.2	11.9 14.3 13.7
	水準 A₃	12 小時	21.8 26.3 32.1	26.9 31.3 28.3	16.1 13.6 16.2
	水準 A₄	24 小時	26.7 28.8 29.5	30.1 33.8 29.6	16.2 17.3 14.8

← 重複數是 3

【數據輸入的類型】

此數據的輸入乍見似乎覺得有些複雜，卻也不過是第 2 章的單因子變異數分析的重複而已。因此，與第 2 章一樣一面觀察數據輸入步驟，一面輸入時，就完全不用擔心。應該可以簡單地做到。

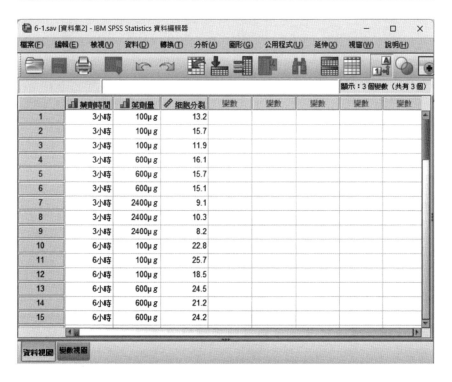

6.2 雙因子（無對應因子與無對應因子）的變異數分析

【統計處理的步驟】

步驟 1 統計處理是從前面的狀態以滑鼠點選分析（A）開始的。接著，進行雙因子的變異數分析時按一下子清單之中的一般線性模型（G）。

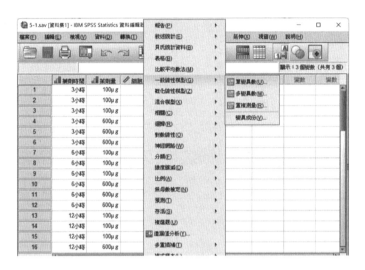

步驟 2 接著，從右側的子清單選擇單變異數（U），在左下方會出現一般性的多因子。於是，畫面變成如下。此處以滑鼠點選細胞分裂，先改變成淺灰。

步驟 3　以滑鼠點選應變數（D）之左側的 ◆ 時，如以下細胞分裂移到應變數（D）的方框中。

步驟 4　其次點選藥劑時間改變成淺灰後，以滑鼠點選固定因子（F）的左側的 ◆ 時，藥劑時間即移到固定因子（F）的方框之中。

步驟 5　接著，點選藥劑量之後，按一下固定因子（F）的左側的  時，
　　　　　　藥劑量即進入固定因子（F）的方框之中。

步驟 6　此處，試按一下畫面右方的選項（O）時，在顯示的地方有同質性
　　　　　　檢定（H），按一下此處，再按 繼續。

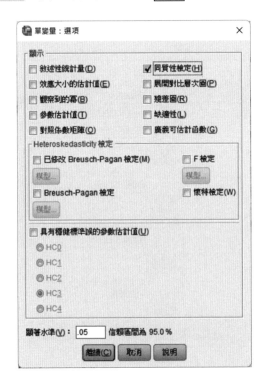

步驟 7　　回到以下畫面，試製作剖面圖看看，以滑鼠點選圖形（T）。

步驟 8　　出現如下的畫面，按一下藥劑時間，改變顏色。

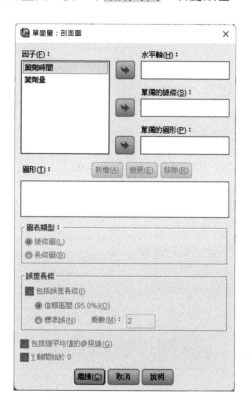

步驟 9 以滑鼠按一下水平軸（H）的左側的 ➡，藥劑時間即進入到水平軸（H）的方框之中。

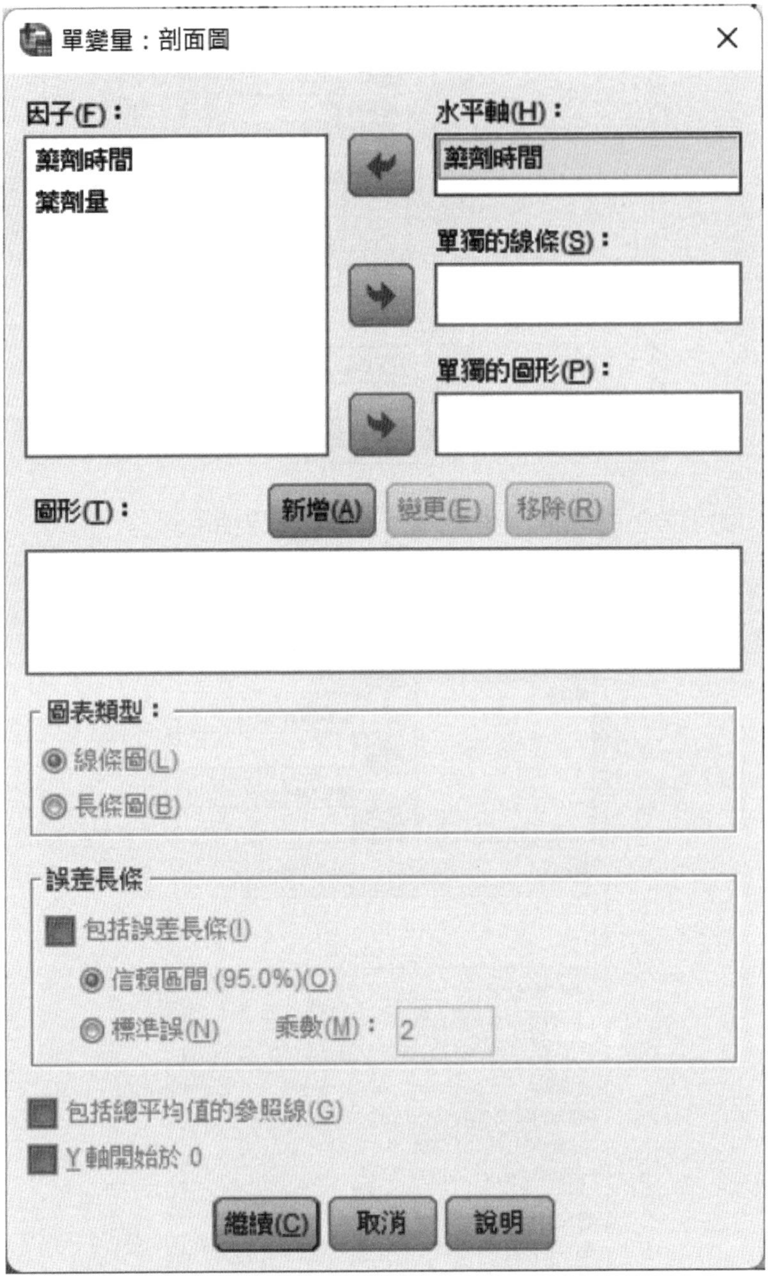

步驟 10 接著，點選**藥劑量**，按一下**單獨的線條（S）**的左側的 ➡️，藥劑量即移到右方。

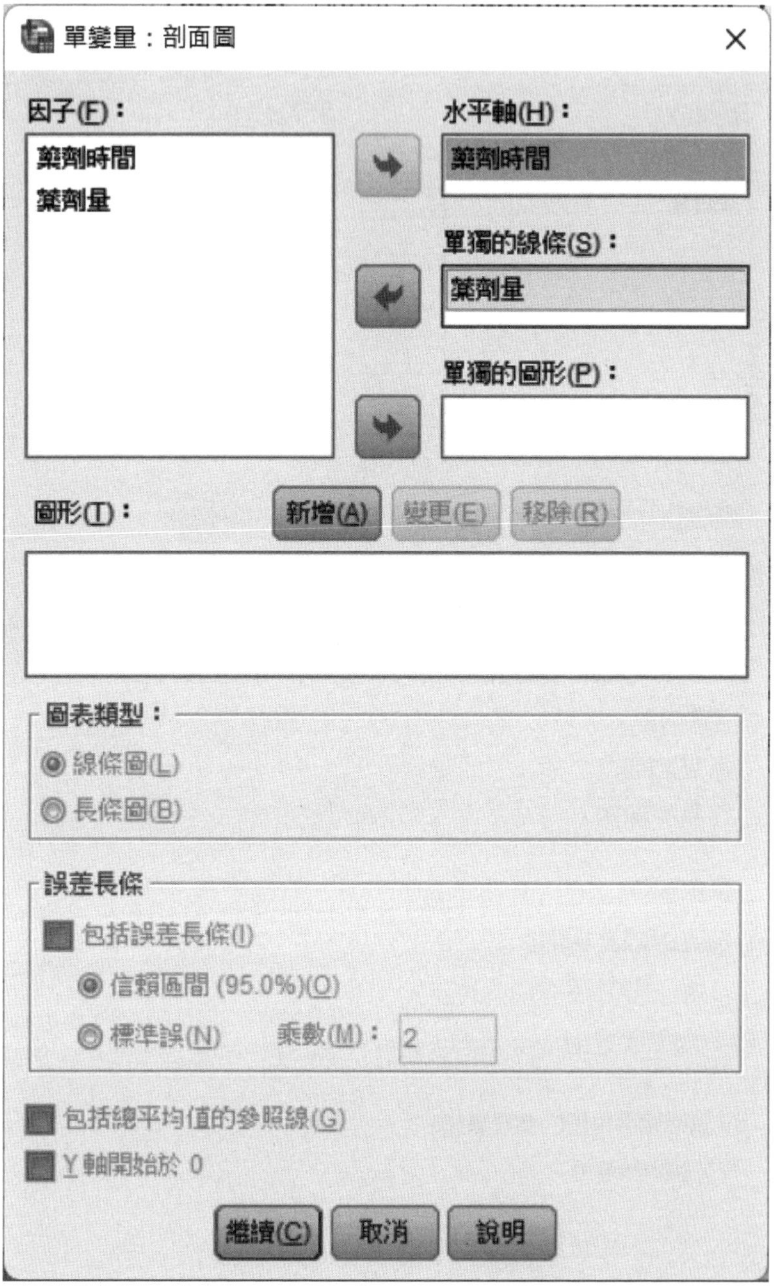

單變量：剖面圖

因子(F)：
藥劑時間
藥劑量

水平軸(H)：
藥劑時間

單獨的線條(S)：
藥劑量

單獨的圖形(P)：

圖形(T)：　新增(A)　變更(E)　移除(R)

圖表類型：
◉ 線條圖(L)
◉ 長條圖(B)

誤差長條
■ 包括誤差長條(I)
◉ 信賴區間 (95.0%)(O)
◉ 標準誤(N)　乘數(M)：2

■ 包括總平均值的參照線(G)
■ Y軸開始於 0

繼續(C)　取消　說明

步驟 11 最後按一下新增（A），圖形（T）的方框之中即變成下圖。如此
即完成剖面圖。接著，按 繼續。

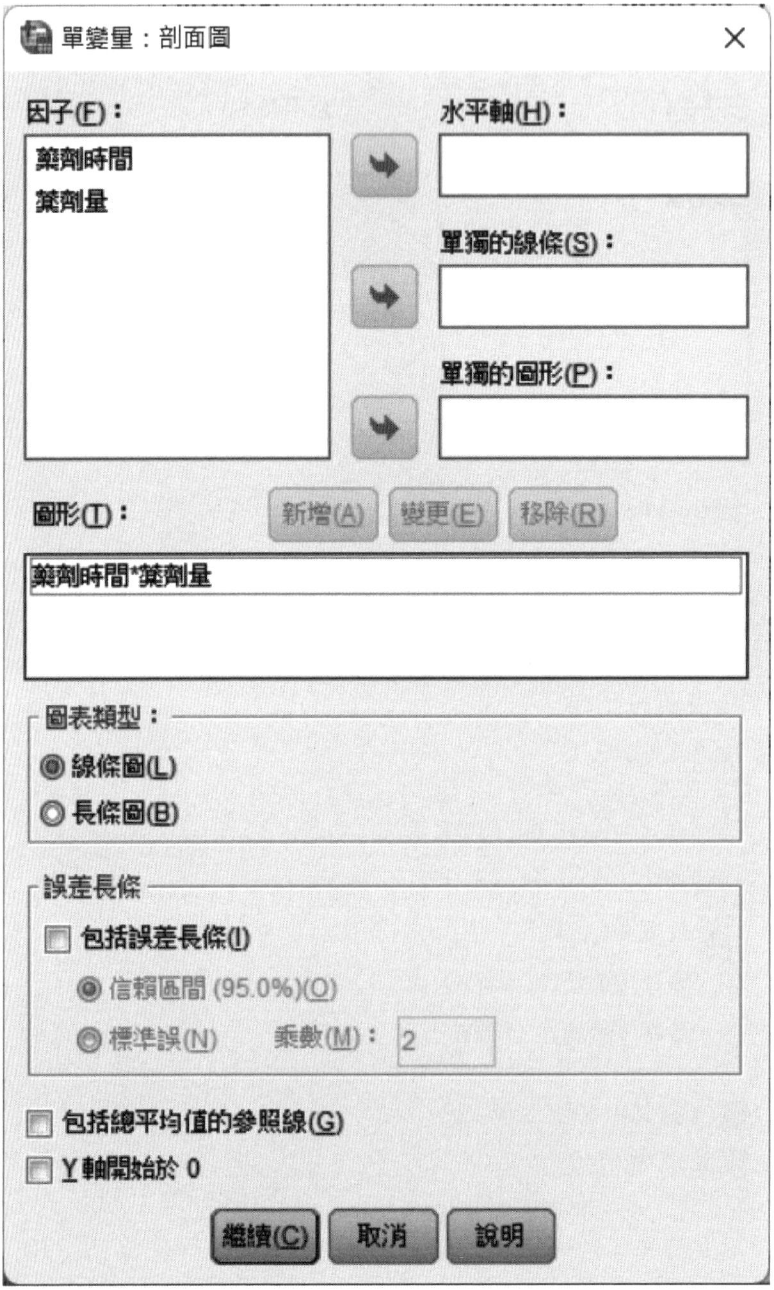

單變量：剖面圖　　　　　　　　　　　　　　　　　　　×

因子(F)：　　　　　　　　　　**水平軸(H)：**

藥劑時間
藥劑量　　　　　　　→

　　　　　　　　　　　　單獨的線條(S)：

　　　　　　　　　　　　→

　　　　　　　　　　　　單獨的圖形(P)：

　　　　　　　　　　　　→

圖形(T)：　　　　新增(A)　變更(E)　移除(R)

藥劑時間*藥劑量

圖表類型：

◉ 線條圖(L)

○ 長條圖(B)

誤差長條

☐ 包括誤差長條(I)

　◉ 信賴區間 (95.0%)(O)

　◉ 標準誤(N)　乘數(M)：　2

☐ 包括總平均值的參照線(G)

☐ Y 軸開始於 0

繼續(C)　　取消　　說明

步驟 12　回到最初的畫面時，以滑鼠按一下 確定 鈕。

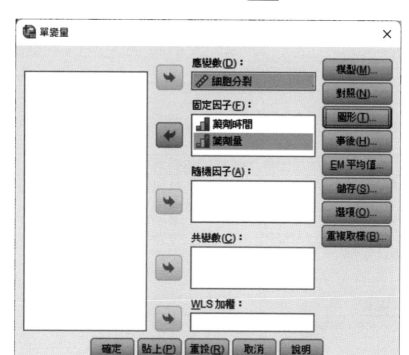

【SPSS 輸出 1】雙因子（無對應因子與對應因子）的變異數分析

變異數的單變量分析

受試者間因子

		數值註解	個數
藥劑	1	3 小時	9
時間	2	6 小時	9
	3	12 小時	9
	4	24 小時	9
藥劑	1	100mg	12
量	2	600mg	12
	3	2400mg	12

誤差變異量的 Levene 檢定等式 [a]

依變數：細胞分裂

F 檢定	分子自由度	分母自由度	顯著性
1.760	11	24	.119

← ④

檢各組別中依變數誤差變異量的虛無假設是相等的。

a. 設計：Intercept + 藥劑時間 + 藥劑時間 * 藥劑量

受試者間效應項的檢定

依變數：細胞分裂

來源	型 III 平方和	自由度	平均平方和	F 檢定	顯著性	
校正後的模式	1777.616[a]	11	161.601	28.651	.000	
Intercept	14742.007	1	14742.007	2613.702	.000	
藥劑時間	798.208	3	266.069	47.173	.000	← ①
藥劑量	889.521	2	444.760	78.854	.000	← ②
藥劑時間 * 藥劑量	89.888	6	14.981	2.656	.040	← ③
誤差	135.367	24	5.640			
總和	16654.990	36				
校正後的總數	1912.983	35				

a. R 平方 = .929（調過後的 R 平方 = .897）

【輸出結果的判讀 1】

① 藥劑時間的地方的假設是
  「假設 H_0：4 個水準間沒有差異」
  觀察輸出結果時，基於
  顯著機率 = 0.000 < 顯著水準 α = 0.05
  此假設 H_0 被捨棄。因此，知 4 個水準間有差異。
② 藥劑量的地方的假設是
  「假設 H_0：3 個水準間沒有差異」
  由此表知
  顯著機率 = 0.000 < 顯著水準 α = 0.05
  此假設 H_0 被捨棄。亦即，3 個水準間有差異。
③ 此處是交互作用的檢定，調查
  「假設 H_0：藥劑時間與藥劑量之間無交互作用」
  由於
  顯著機率 = 0.040 < 顯著水準 α = 0.05

因之，假設 H_0 被捨棄。

因此，藥劑時間與藥劑量之間可以認為存在交互作用。

像這樣，2 個因子間有交互作用時，按各因子檢定水準間之差異並不太有意義。

④ Levene 的等變異性檢定。就所有的水準的組合——$3 \times 4 = 12$——確認等變異性是否成立。由於

顯著機率 = 0.119 > 顯著水準 $\alpha = 0.05$

故假設 H_0 無法捨棄，因之可視為等變異性是成立的。

【SPSS 輸出 2】

剖面圖

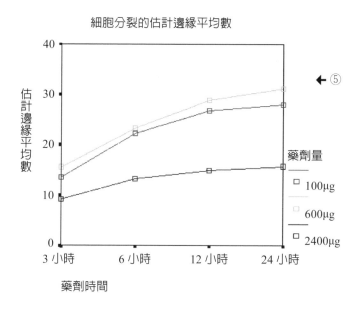

【輸出結果的判讀 2】

⑤ 觀圖時，100μg 與 600μg 之折線幾乎平行。因此對於此 2 水準來說，與時間之間似乎沒有交互作用。

但是，2400μg 的折線與其他的 2 條並不平行。因此，此處或許隱藏有交互作用。

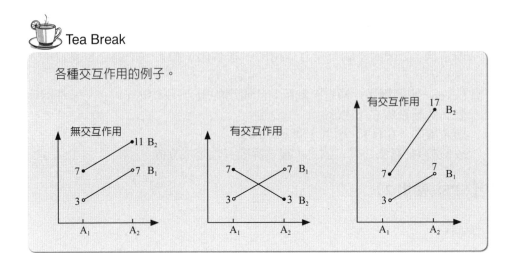

Tea Break

各種交互作用的例子。

6.3 多重比較

【統計處理的步驟】

步驟 1　進行多重比較時，是從以下畫面開始。
　　　　　由於事後（H）檢定在右側，因之點選此處。

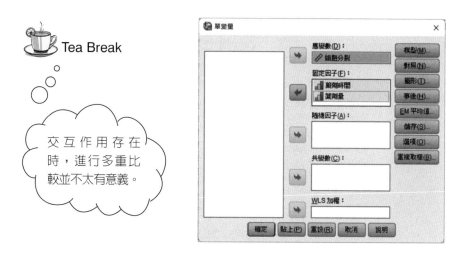

Tea Break

交互作用存在時，進行多重比較並不太有意義。

步驟 2　從因子（F）的方框之中，按一下想多重比較的因子，按一下  時，該因子即移到此項目的事後檢定（P）的方框之中。

步驟 3 其次，從畫面上來看似乎可以了解，事實上準備有許多的多重比較，從其中選擇適合研究的手法。但是，是否可以假定等變異性呢？先看〔輸出結果的判讀〕中等變異性的檢定結果。

步驟 4 譬如，按一下 Tukey 的方法——Turkey（T）——時□變成 ☑。
接著，按 繼續 ，畫面即回到步驟 1，之後只要用滑鼠按一下 確定 。

【SPSS 輸出】雙因子（無對應之因子與無對應之因子）的多重比較

Post Hoc 檢定

藥劑時間

多重比較 ←⑥

依變數: 細胞分裂
Tukey HSD

(I) 藥劑時間	(J) 藥劑時間	平均數差異 (I-J)	標準誤	顯著性	95% 信賴區間 下限	95% 信賴區間 上限
3小時	6小時	-6.833*	1.120	.000	-9.922	-3.745
	12小時	-10.700*	1.120	.000	-13.788	-7.612
	24小時	-12.167*	1.120	.000	-15.255	-9.078
6小時	3小時	6.833*	1.120	.000	3.745	9.922
	12小時	-3.867*	1.120	.010	-6.955	-.778
	24小時	-5.333*	1.120	.000	-8.422	-2.245
12小時	3小時	10.700*	1.120	.000	7.612	13.788
	6小時	3.867*	1.120	.010	.778	6.955
	24小時	-1.467	1.120	.566	-4.555	1.622
24小時	3小時	12.167*	1.120	.000	9.078	15.255
	6小時	5.333*	1.120	.000	2.245	8.422
	12小時	1.467	1.120	.566	-1.622	4.555

以觀察的平均數為基礎。
*. 在水準 .05 上的平均數差異顯著。

←⑦

同質子集

細胞分裂

Tukey HSD[a,b]

藥劑時間	個數	子集 1	子集 2	子集 3
3小時	9	12.811		
6小時	9		19.644	
12小時	9			23.511
24小時	9			24.978
顯著性		1.000	1.000	.566

同質子集中組別的平均數已顯示。
以型 III 平方和為基礎
平均平方和 (誤差) = 5.640 中的誤差項。
　a. 使用調和平均數樣本大小 = 9.000
　b. Alpha = .05

【輸出結果的判讀】

⑥ 利用 Tukey's HSD 法的多重比較
　有＊記號的組合在顯著水準 5% 下有顯著差異。
　譬如，3 小時與 6 小時，3 小時與 12 小時，……。
　但是，如回顧③時，由於藥劑時間與藥劑量之間存在交互作用，因之，事實上進行
　藥劑時間的多重比較
　藥劑量的多重比較
　並不太有意義。

⑦ 將 4 水準——3 小時、6 小時、12 小時、24 小時——分成沒有差異的組。
　譬如，
　同質子集 1……只 3 小時
　同質子集 2……只 6 小時
　同質子集 3……只 12 小時與 24 小時

Tea Break

【註 1】5 個組的母平均為 $\mu_1, \mu_2, \mu_3, \mu_4, \mu_5$ 時，所謂利用 Tukey's HSD 的多重比較，是指同時檢定以下組合之差的方法，即

$$\mu_1 = \mu_2 \quad \mu_1 = \mu_3 \quad \mu_1 = \mu_4 \quad \mu_1 = \mu_5$$
$$\mu_2 = \mu_3 \quad \mu_2 = \mu_4 \quad \mu_2 = \mu_5$$
$$\mu_3 = \mu_4 \quad \mu_3 = \mu_5$$
$$\mu_4 = \mu_5$$

【註 2】Tukey's honestly significant difference test 簡記為 Tukey's HSD test，稱為 Tukey 真實顯著差異多重比較法。

第 7 章
雙因子（無對應因子與有對應因子）之變異數分析與多重比較

本章內容

7.1 前言

　　使用表 7.1 的數據，利用 SPSS 進行雙因子（無對應因子與有對應因子）之變異數分析與多重比較。

　　以下的數據是調查在運動負荷開始後攝取 2 種飲料水──A 飲料水與 D 飲料水──時的心跳數的變化。心跳數的變化類型是否因飲料水而有差異呢？

表 7.1　2 種飲料水攝取後的心跳數

受試者	在 A 飲料水中心跳數的變化		
	運動前	90 分後	180 分後
陳一	44	120	153
林二	61	119	148
張三	67	157	167
李四	60	153	175
王五	61	139	162

受試者	在 D 飲料水中心跳數的變化		
	運動前	90 分後	180 分後
胡六	51	100	110
柯七	62	109	117
劉八	56	134	139
廖九	57	140	161
周十	59	126	137

受試者間因子……飲料水……2 水準
受試者內因子……時間……3 水準

【數據輸入的類型】

7.2 雙因子（無對應因子與有對應因子）的變異數分析

【統計處理的步驟】

步驟 1 按一下分析（A），從一般線性模型（G）的清單之中選擇重複測量（R）。

步驟 2 畫面應該要變成如下。因此，對時間來說，由於有對應關係，因之，以 BS 鍵消去受試者內的因子名稱（W）的因子 1 之後，輸入時間。

步驟 3　畫面變成以下時，將 3 輸入到層次個數（L）的方框之中。於是，新增（A）的文字變黑，所以按一下新增（A）。

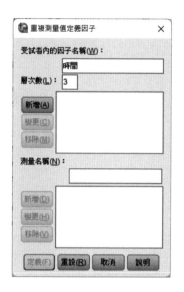

Tea Break

運動前→90 分後→180 分後，所以水準數是 3 個。

步驟 4　此時畫面應變成下方那樣。接著，以滑鼠點選定義（F）。

Tea Break

> 受試者內因子有 2 個以上時，接著，將第 2 個因子名輸入到受試者內因子名
> （W）的方框中。

步驟 5 此次，點選運動前，按一下受試者內的變數（W）的 ➡，再點選
九十分後按 ➡。

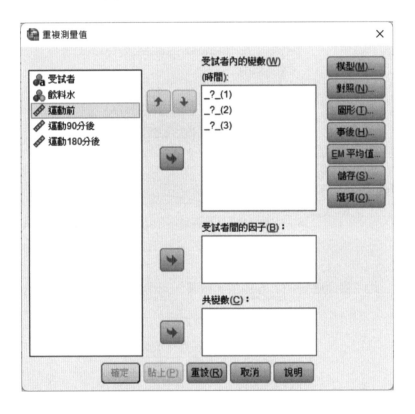

步驟 6　在受試者內的變數（W）的地方，輸入運動前（1），運動 90 分後
（2），運動 180 分後（3），接著，點選飲料水，按一下受試者內
的因子（B）的 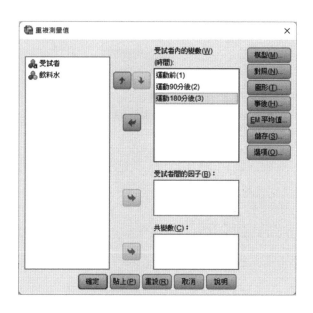 。

步驟 7　飲料水進入受試者間的因子（B）的方框中時，其次試製作剖面
圖。首先，點選圖形（T）。

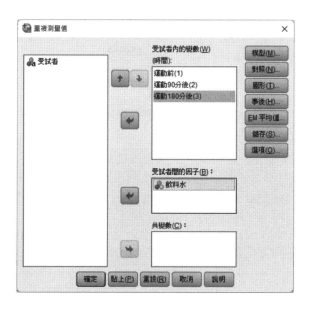

步驟 8　於是出現以下的畫面。點選時間，按一下水平軸（H）之左側的
　　　　　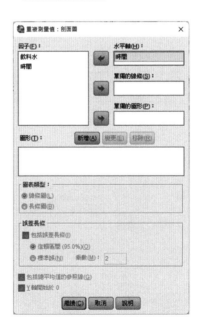。

步驟 9　如下圖時間移到水平軸（H）之中時，其次點選飲料水。

步驟 10 按一下<u>單獨的線條（S）</u>的左側的 ➡ 時，飲料水即移到右方方框中。

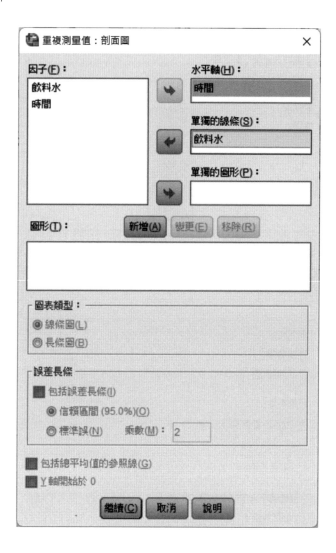

步驟 11 最後按一下新增（A）時，圖形（T）的方框之中變成時間＊飲料水，如此剖面圖即完成。
之後，按繼續。

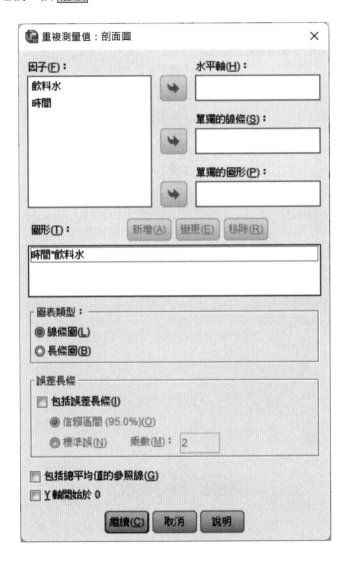

步驟 12 回到以下的畫面時，按一下 確定 鈕，即告完成。
　　　　但是，想進行 Box 的 M 檢定與 Bartlett 的球面性檢定時，先按一下選項（O）之中的同質性檢定（H）與殘差 SSCP 矩陣（C）。

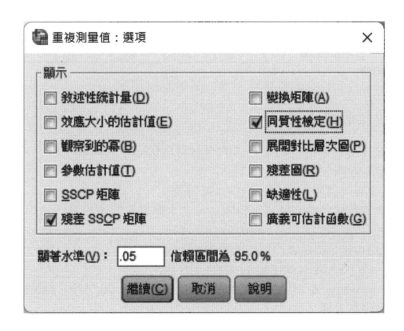

【SPSS 輸出 1】雙因子（無對應因子與有對應因子）的變異數分析

一般線性模式

受試者內因子

測量：MEASURE_1

時間	依變數
1	運動前
2	九十分後
3	180 分

受試者間因子

		數值註解	個數
飲料	1	A 飲料水	5
水	2	D 飲料水	5

多變量檢定 [b]

效應項		數值	F檢定	假設自由度	誤差自由度	顯著性
時間	Pillai's Trace	.975	139.012[a]	2.000	7.000	.000
	Wilks' Lambda 變數選擇法	.025	139.012[a]	2.000	7.000	.000
	多變量顯著性檢定	39.718	139.012[a]	2.000	7.000	.000
	Roy 的最大平方根	39.718	139.012[a]	2.000	7.000	.000
時間 * 飲料水	Pillai's Trace	.566	4.569[a]	2.000	7.000	.054
	Wilks' Lambda 變數選擇法	.434	4.569[a]	2.000	7.000	.054
	多變量顯著性檢定	1.306	4.569[a]	2.000	7.000	.054
	Roy 的最大平方根	1.306	4.569[a]	2.000	7.000	.054

← ①
← ②

a. 精確的統計量

【輸出結果的判讀 1】

① 此多變量檢定是進行如下意義的受試者內因子 —— 時間 —— 之水準之差的檢定。亦即，設

(x_1, x_2, x_3) =（運動前、90 分後、180 分後）

時，檢定受試者內因子 —— 時間 —— 之水準之差的假設是

假設 H_0：$(x_3 - x_1, x_2 - x_1) = (0, 0)$

此假設 H_0 是

$x_3 - x_1 = 0$，$x_2 - x_1 = 0$

亦即，$x_1 = x_2 = x_3$，因之主張 3 變量 —— 運動前、90 分後、180 後 —— 的心跳數沒有差異。

觀察輸出結果時，由於

顯著機率 = 0.000 < 顯著水準 α = 0.05

所以假設 H_0 被捨棄。因此，知 3 變量的心跳數有差異。但是，與其多變量檢定，不如⑥的受試者內效應項的檢定更容易出現差異。

② 此多變量檢定事實上是將飲料水當作因子的 1 元配置的多變量變異數分析。

當然，所謂多變量並非是 (x_1, x_2, x_3)，而是將 $(x_2 - x_1, x_3 - x_1)$ 看成 2 變量。

接著，假設是

「H_0：A 飲料水與 D 飲料水的心跳數相同」

顯著機率 0.054，顯著水準 α = 0.05，假設 H_0 不能捨棄。因此，此多變量檢定不能說 2 個飲料水之間有差異。

【SPSS 輸出 2】

共變量矩陣等式的 Box 檢定 [a]　　◀ ③

Box's M	8.422
F 檢定	.815
分子自由度	6
分母自由度	463.698
顯著性	.558

檢定依變數的觀察共變量矩陣之虛無假設，等於交叉組別。

a. 設計：Intercept + 飲料水
　受試者內設計：時間

Bartlett 的球形檢定 [a]　　◀ ④

概似比	.000
近似卡方分配	21.006
自由度	5
顯著性	.001

檢定殘差共變量矩陣的虛無假設，是識別矩陣的一部分。

a. 設計：Intercept + 飲料水
　受試者內設計：時間

Mauchly 球形檢定 [b]　　◀ ⑤

測量：MEASURE_1

受試者內效應項	Mauchly's W	近似卡方分配	自由度	顯著性	Eptilon[a]		
					Greenhouse-Ceisser	Huynh-Feldt 值	下限
時間	.525	4.512	2	.103	.678	.870	.500

檢定正交化變數轉換之依變數的誤差共變量矩陣的虛無假設，是識別矩陣的一部分。

a. 可用來調整顯著性平均檢定的自由度，改過的檢定會顯示在 "Within-Subjects Effects" 表檢定中。

b. 設計：Intercept + 飲料水
　受試者內設計：時間

【註1】Box's M test 是變異共變異矩陣的相等性檢定的一種，當 a 個常態母體的組的母變異共變異矩陣設為 $\Sigma_1, \Sigma_2, \cdots \Sigma_a$ 時，調查以下是否成立，即

假設 $H_0 : \Sigma_1 = \Sigma_2 = \cdots = \Sigma_a$

【註2】Bartlett's test of sphericity（Bartlett 球面性檢定）

$$假設：H_0 = \begin{bmatrix} \sigma_1^2 & \sigma_{12} & \sigma_{13} \\ \sigma_{12} & \sigma_2^2 & \sigma_{23} \\ \sigma_{13} & \sigma_{23} & \sigma_3^2 \end{bmatrix} = \sigma^2 \begin{bmatrix} 1 & 0 & 0 \\ 0 & 1 & 0 \\ 0 & 0 & 1 \end{bmatrix}$$

機率變數 X_1, X_2, X_3 相互獨立，服從相同變異數的常態分配稱為球面性地服從常態分配。假設 H_0 捨棄時，變數間有關聯。

【輸出結果的判讀 2】

③ Box 的 M 檢定是調查以下的假設。

「假設 H_0：A 飲料水與 D 飲料水的 3 變量的共變異矩陣互為相等」

觀察輸出結果時，由於顯著機率 0.558 比顯著水準 $\alpha = 0.05$ 大，因之，假設 H_0 不能捨棄。因此，2 個飲料水的變異共變異矩陣似乎可以說是互為相等的。

④ Bartlett 的球面性檢定（test of sphericity）是調查以下的假設。

「假設 H_0：3 變量 x_1, x_2, x_3 的變異共變異矩陣是單位矩陣的常數倍」

觀察輸出結果時，顯著機率 = 0.001 比顯著水準 $\alpha = 0.05$ 小，因之，假設 H_0 可以捨棄。因此，共變異不是 0，所以知 3 變量之間有某種的關聯。如 3 變量之間毫無關聯時，與進行 3 次 1 變量的變異數分析是相同的。

⑤ Mauchly 的球面性檢定，是從 3 變量 x_1, x_2, x_3 利用正規直交變換所做成的 2 個變量 z_1, z_2

$$\begin{cases} z_1 = -0.707x_1 + 0.000x_2 + 0.707x_3 \\ z_2 = 0.408x_1 - 0.816x_2 + 0.408x_3 \end{cases}$$

從屬變數	變換變數	
	Z_1	Z_2
運動前	-.707	.408
90 分後	.000	-.816
180 分後	.707	.408

它的變異共變異矩陣為 Σ 時，檢定以下的假設

假設 H_0：$\Sigma = \sigma^2 \begin{pmatrix} 1 & 0 \\ 0 & 1 \end{pmatrix}$ →球面性的檢定

此假設 H_0 如被捨棄時，使用 Greenhouse-Geisser 或 Huynh-Feldt 將受試者內效果的檢定的顯著機率進行修正。

觀此輸出結果時，顯著機率 0.103 比顯著水準 $\alpha = 0.05$ 大，因之無法捨棄假設 H_0。因此，球面性的假定是成立的，進入⑥。

【SPSS 輸出 3】

受試者內效應項的檢定

測量：MEASURE_1

來源		型 III 平方和	自由度	平均平方和	F 檢定	顯著性	
時間	假設為球形	44690.867	2	22340.433	248.803	.000	
	Greenhouse-Geisser	44690.867	1.356	32955.193	248.803	.000	← ⑥
	Huynh-Feldt 值	44690.867	1.740	25684.949	248.803	.000	
	下限	44690.867	1.000	44680.867	248.803	.000	
時間 * 飲料水	假設為球形	885.800	2	442.900	4.933	.021	
	Greenhouse-Geisser	885.800	1.356	653.338	4.933	.040	
	Huynh-Feldt 值	885.800	1.740	509.205	4.933	.028	
	下限	885.800	1.000	885.800	4.933	.057	
誤差（時間）	假設為球形	1436.667	16	89.792			
	Greenhouse-Geisser	1436.667	10.846	132.455			
	Huynh-Feldt 值	1436.667	13.917	103.234			
	下限	1436.667	8.000	179.583			

a. 使用 α = 0.05 加以計算

Greenhouse-Geisser 的自由度 1.356 = 2×0.678
Huynh-Feldt 的自由度　　1.740 = 2×0.870

受試者間效應項的檢定

測量：MEASURE_1
轉換的變數：均數

來源	型 III 平方和	自由度	平均平方和	F 檢定	顯著性	
Intercept	372744.533	1	372744.533	871.577	.000	
飲料水	1732.800	1	1732.800	4.052	.079	← ⑦
誤差	3421.333	8	427.667			

a. 使用 α = 0.05 加以計算

【輸出結果的判讀 3】

⑥ 此輸出是主要部分。利用反覆測量的變異數分析，此處的交互作用的檢定特別重要，可以換成如下的說法。

時間與飲料水之間 有交互作用	⟺	A 飲料水與 B 飲料水的 心跳數的變化類型是不同的

受驗者內因子與受驗者間 因子存在交互作用	⟺	受驗者內因子的變化類型是 依受驗者間之水準而有不同

觀察輸出結果時，由於
顯著機率 = 0.021 < 顯著水準 α = 0.05
因之，時間與飲料水之間有交互作用。因此，
A 飲料水與 D 飲料水的心跳數的變化類型似
乎可以說是不同的。
但是，此處如果交互作用不存在時，2 種飲料
水的變化類型如右圖形成平行，因之進入⑦。
⑦ 此處的輸出是檢定以下的假設：
「假設 H_0：A 飲料水與 D 飲料水的心跳數之間
沒有差異」
觀察表時，由於
顯著機率 = 0.079 > 顯著水準 α = 0.05
因之心跳數不因 2 種飲料水而有差異。可是，⑥由於交互作用存在，所
以⑦的檢定不太有意義。

【SPSS 輸出 4】

剖面圖

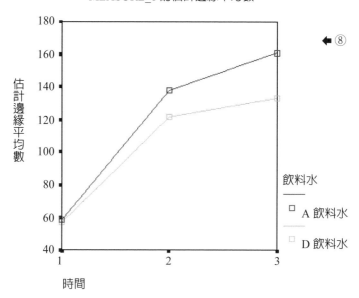

MEASURE_1 的估計邊緣平均數

【輸出結果的判讀 4】

⑧ 圖形表現特別重要。
似乎看此剖面圖也可了解。在 2 種飲料水之間，心跳數的變化類型是有差異的。

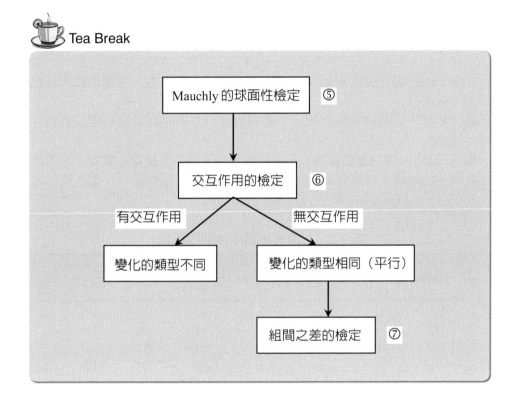

7.3 多重比較

【統計處理的步驟】

表 7.1 的數據，是由受試者間因子——飲料水——與受試者內因子——時間——所構成。對於受試者間因子的多重比較來說，在 SPSS 的對話框中，由於包含有 post hoc 檢定（H），因之按一下此處時，即確定。

但是，對於受試者內因子來說，SPSS 不受理 post hoc 檢定（H）。換言之，像受試者內因子有對應關係時，有興趣的對象是在於它的變化類型。因此，像 Tukey 的方法或 Scheffe 的方法，對所有的組合進行多重比較可以認為不太有意義。

儘管如此，想進行多重比較時，要如何進行才好呢？可以考慮以下的方法。

按各組如第 3 章 3.3 節那樣進行受試者內因子的多重比較。譬如，只列舉 A 飲料水的數據，將受試者內因子的 1 個水準——運動前——當作控制組（control），利用 Dunnett 的方法進行多重比較。

表 7.2　A 飲料水攝取後的心跳數

受試者	在 A 飲料水中心跳數的變化		
	運動前	90 分後	180 分後
陳一	44	120	153
林二	61	119	148
張三	67	157	167
李四	60	153	175
王五	61	139	162

因此，將表 7.2 的數據如下重排時……

	受試者	時間	心跳數	飲料水
1	陳一	運動前	44	飲料水A
2	林二	運動前	61	飲料水A
3	張三	運動前	67	飲料水A
4	李四	運動前	60	飲料水A
5	王五	運動前	61	飲料水A
6	陳一	90分後	120	飲料水A
7	林二	90分後	119	飲料水A
8	張三	90分後	157	飲料水A
9	李四	90分後	153	飲料水A
10	王五	90分後	139	飲料水A
11	陳一	180分後	153	飲料水A
12	林二	180分後	148	飲料水A
13	張三	180分後	167	飲料水A
14	李四	180分後	175	飲料水A
15	王五	180分後	162	飲料水A
16				

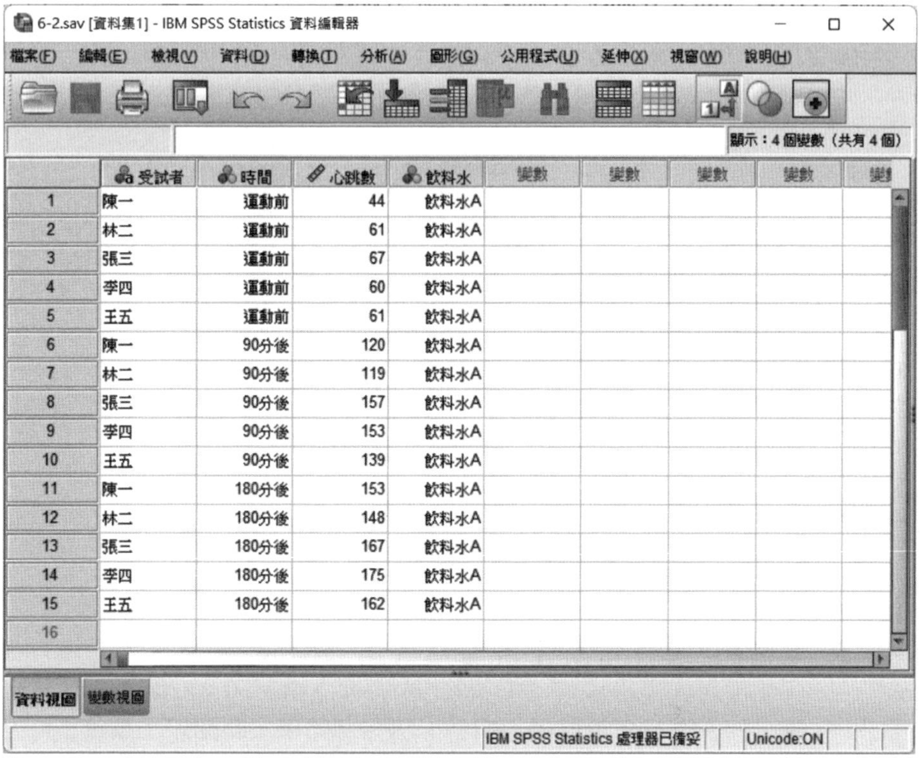

統計處理步驟如與第 3 章相同時，得出如下的多重比較。

多重比較

依變數：心跳數

Dunnett t（2 面）[a]

(I) 時間	(J) 時間	平均數差異 (I-J)	標準誤	顯著性	95% 信賴區間	
					下限	上限
90 分後	運動前	79.00*	5.03	.000	65.54	92.46
180 分後	運動前	102.40*	5.03	.000	88.94	115.86

以觀察的平均數為基礎。

*. 在水準 .05 上的平均數差異顯著。

a. Dunnett t- 檢定將組別視為控制，並比較所有與其他對照的其他組別。

然而，受試者間因子的多重比較是……。

步驟 1 多重比較（受試者間因子）是從以下畫面開始。如按一下畫面下的 事後（H）檢定時……。

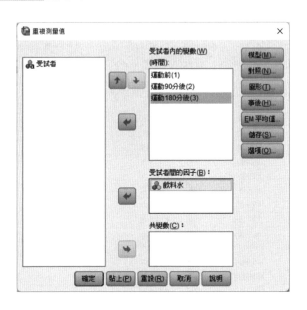

步驟 2 點選因子（F）的方框之中的飲料水，按一下 ➡ 時，飲料水即移到此項目的事後檢定（P）檢定的方框之中，因之有關飲料水的因子，即可進行多重比較。但是，另一個因子，時間呢？事實上，時間是受試者內因子，因之無法進行多重比較。

步驟 3　飲料水進入此項目的事後檢定（P）檢定的方框之中時，之後選擇
適合研究的多重比較。
譬如，像是 Tukey 的方法──Turkey（T）。
接著，按一下 繼續 ，畫面回到步驟 1 時，按 確定 鈕。

【SPSS 輸出】雙因子（無對應因子與有對應因子）的變異數分析

警告

飲料水未執行 Post hoc 檢定，因為組別少於三組。

受試者間因子的多重比較

Tea Break

當想進行運動前、90 分後、180 分後的受試者內因子中的多重比較時,按受試者間因子的各水準,
(1) 就 A 飲料水進行如 2.2 節的多重比較
(2) 就 D 飲料水進行如 2.2 節的多重比較

【輸出結果的判讀】

← ……?
……!
各位不妨想想看。

第 8 章
雙因子（有對應因子與有對應因子）之變異數分析與多重比較

本章內容

8.1 前言

使用表 8.1 的數據，利用 SPSS 進行雙因子（有對應因子與有對應因子）的變異數分析。

以下的數據是在運動負荷開始後，攝取 A 飲料水測量心跳數的變化，在一定期間之後，對相同的受試者讓其進行相同的運動，此次攝取 D 飲料水時測量心跳數的變化。

＊受試者內因子……飲料水……2 水準
　受試者內因子…… 時間　……3 水準

表 8.1　2 種飲料水攝取後的心跳數

受試者	A 飲料水			D 飲料水		
	運動前	90 分後	180 分後	運動前	90 分後	180 分後
陳一	44	120	153	51	100	110
林二	61	119	148	62	109	117
張三	67	157	167	56	134	139
李四	60	153	175	57	140	161
王五	61	139	162	59	126	137

【數據輸入的類型】

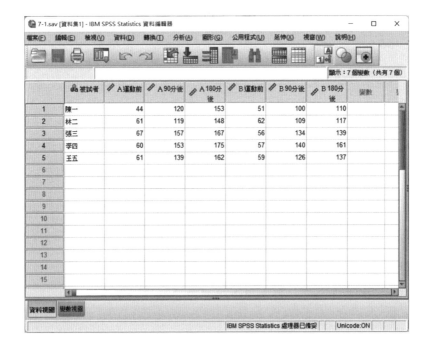

【統計處理的步驟】

步驟 1 按一下分析（A），從一般線性模型（G）的清單之中選擇重複測量（R）。於是……。

步驟 2 出現以下的畫面。受試者內因子是飲料水與時間，因之以 $\boxed{\text{BS}}$ 鍵消去受試者內的因子名稱（W）之中的 factor1 後，才輸入飲料水。將 2 輸入到層次數（L）的方框中。

Tea Break

飲料水與時間的順序不要弄反！！

步驟 3 於是<u>新增（A）</u>的文字浮現出來，按一下<u>新增（A）</u>。

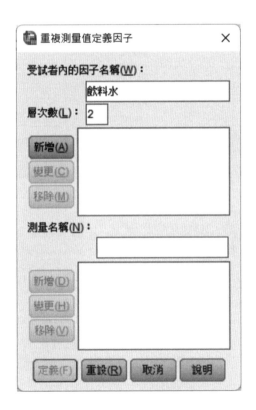

步驟 4　畫面應該變成如下，此次將時間輸入到受試者內的因子名稱（W）的方框之中，將 3 輸入到層次數（L）的方框之中。
接著，按一下新增（A）。

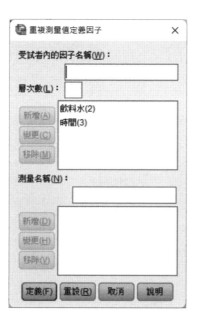

步驟 5　因此，如變成飲料水（2）、時間（3）時，以滑鼠點選定義（F）。

步驟 6　於是，出現如下的畫面。

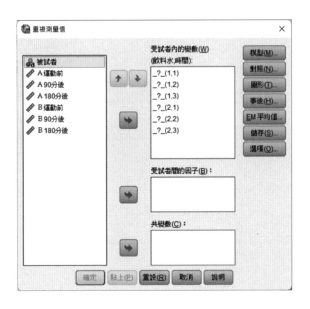

步驟 7　按 A 運動前 ⇨ A 90 分後 ⇨ A 180 分後 ⇨ B 運動前 ⇨ B 90 分後 ⇨ B
180 分後的順序，點選 A 運動前，按一下受試者內的變數（W）的
⮕，再點選 A 90 分後，按一下 ⮕。

步驟 8　如輸入所有的變數時，畫面即成為如下，之後以滑鼠按一下 確定 鈕。

當想輸出剖面圖時，按一下圖形（T），將時間列入水平軸（H），飲料水列入單獨的線條（S）的方框中，按一下新增（A）。

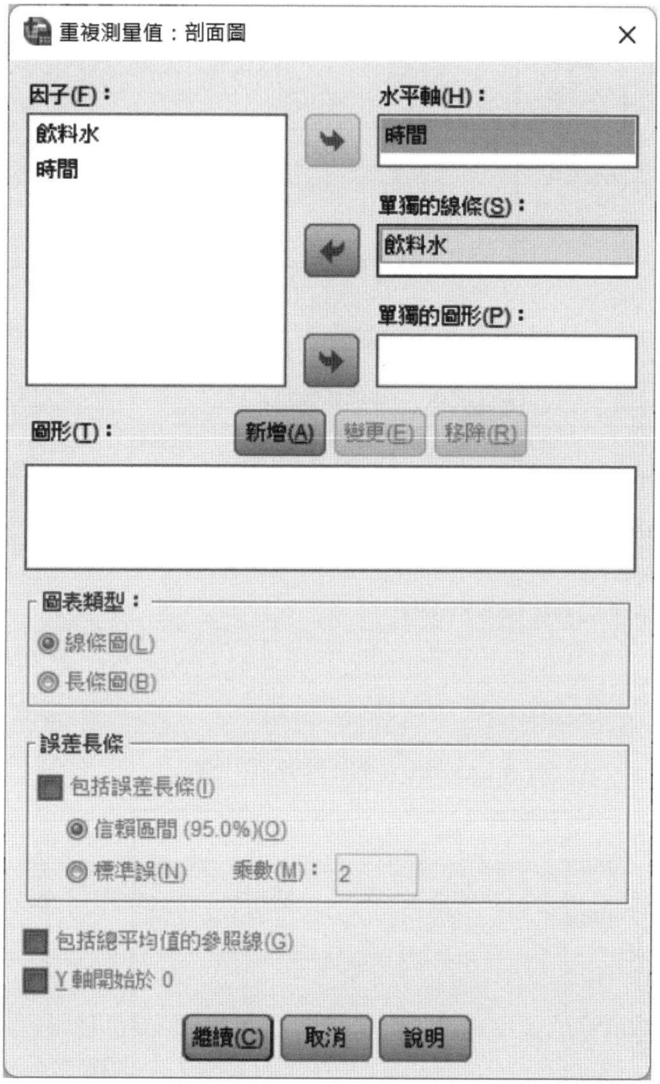

【SPSS 輸出 1】

一般線性模式

愛試者內因子

測量:MEASURE_1

飲料水	時間	依變數
1	1	A 運動前
	2	A90 分後
	3	A180 分後
2	1	D 運動前
	2	D90 分後
	3	D180 分後

Mauchly 球形檢定 [b]

測量:MEASURE_1

受試者內效應項	Mauchly's W	近似卡方分配	自由度	顯著性	Greenhouse-Ceisser	Huynh-Feldt 值	下限
					Eptilon[a]		
飲料水	1.000	.000	0	.	1.000	1.000	1.000
時間	.389	2.831	2	.240	.621	.763	.500
飲料水 * 時間	.240	4.188	2	.121	.571	.648	.500

 ①

檢定正交化變數轉換之依變數的誤差共變量矩陣的虛無假設,是識別矩陣的一部分。

a. 可用來調整顯著性平均檢定的自由度,改過的檢定會顯示在 "Within-Subjects Effects" 表檢定中。

b. 設計:Intercept

   受試者內設計:飲料水 + 時間 + 飲料水 + 時間

剖面圖

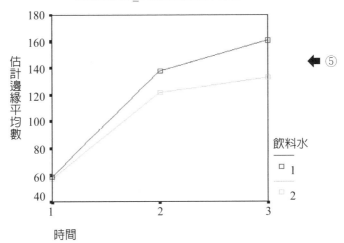

MEASURE_1 的估計邊緣平均數

【輸出結果的判讀 1】

① Mauchly 的球面性檢定，如將利用正規直交變換所製作的變異共變異矩陣設為 Σ 時，即檢定

假設 H_0：$\Sigma = \sigma^2 I$

此假設被捨棄時，進行②的受試者內效應項的檢定時，必須利用 Greenhouse-Geisser 或 Huynh-Feldt 的 ε 來修正。

觀察輸出結果時，不管是時間的顯著機率 0.240 或是飲料水 × 時間的顯著機率 0.121 均大於顯著水準 $\alpha = 0.05$，因之假設 H_0 無法被捨棄。

因此，似乎可以假定球面性。

⑤ 圖形的表現對任何數據也都是有效的。

依時間的變化類型是一目了然的。

【SPSS 輸出 2】

受試者內效應項的檢定

測量	來源		型 III 平方和	自由度	平均平方和	F 檢定	顯著性	
MEASURE_1	飲料水	假設為球形	1732.800	1	1732.800	60.871	.001	
		Greenhouse-Geisser	1732.800	1.000	1732.800	60.871	.001	
		Huynh-Feldt 值	1732.800	1.000	1732.800	60.871	.001	
		下限	1732.800	1.000	1732.800	60.871	.001	②
	誤差（飲料水）	假設為球形	113.867	4	28.467			
		Greenhouse-Geisser	113.867	4.000	28.467			
		Huynh-Feldt 值	113.867	4.000	28.467			
		下限	113.867	4.000	28.467			
	時間	假設為球形	44680.867	2	22340.433	150.677	.000	
		Greenhouse-Geisser	44680.867	1.242	35987.128	150.677	.000	
		Huynh-Feldt 值	44680.867	1.525	29289.851	150.677	.000	
		下限	44680.867	1.000	44680.867	150.677	.000	③
	誤差（時間）	假設為球形	1186.133	8	148.267			
		Greenhouse-Geisser	1186.133	4.966	238.836			
		Huynh-Feldt 值	1186.133	6.102	194.388			
		下限	1186.133	4.000	296.533			
	飲料水 * 時間	假設為球形	885.800	2	442.900	14.143	.002	
		Greenhouse-Geisser	885.800	1.141	776.129	14.143	.015	
		Huynh-Feldt 值	885.800	1.297	683.182	14.143	.010	
		下限	885.800	1.000	885.800	14.143	.020	④
	誤差（飲料水 * 時間）	假設為球形	250.533	8	31.317			
		Greenhouse-Geisser	250.533	4.565	54.879			
		Huynh-Feldt 值	250.533	5.186	48.307			
		下限	250.533	4.000	62.633			

a. 使用 $\alpha = 0.05$ 加以計算

Greenhouse-Geisser 的自由度 $1.242 = 2 \times 0.622$
Huynh-Feldt 的自由度　　$1.525 = 2 \times 0.763$

＊此表的出現方式是首先將表按兩下，如出現點線的方框時，按一下樞軸分析（P），再按一下將圖層移到列（R）時即確定。

來源		型 III 平方和	自由度	平均平方和	F 檢定	顯著性
飲料水	假設為球形	1732.800	1	1732.800	60.871	.001
	Greenhouse-Geisser	1732.800	1.000	1732.800	60.871	.001
	Huynh-Feldt 值	1732.800	1.000	1732.800	60.871	.001
	下限	1732.800	1.000	1732.800	60.871	.001
誤差 (飲料水)	假設為球形	113.867	4	28.467		
	Greenhouse-Geisser	113.867	4.000	28.467		
	Huynh-Feldt 值	113.867	4.000	28.467		
	下限	113.867	4.000	28.467		
時間	假設為球形	44680.867	2	22340.433	150.677	.000
	Greenhouse-Geisser	44680.867	1.242	35987.128	150.677	.000
	Huynh-Feldt 值	44680.867	1.525	29289.851	150.677	.000
	下限	44680.867	1.000	44680.867	150.677	.000
誤差 (時間)	假設為球形	1186.133	8	148.267		
	Greenhouse-Geisser	1186.133	4.966	238.836		
	Huynh-Feldt 值	1186.133	6.102	194.388		
	下限	1186.133	4.000	296.533		
飲料水 * 時間	假設為球形	885.800	2	442.900	14.143	.002
	Greenhouse-Geisser	885.800	1.141	776.129	14.143	.015
	Huynh-Feldt 值	885.800	1.297	683.182	14.143	.010
	下限	885.800	1.000	885.800	14.143	.020
誤差 (飲料水*時間)	假設為球形	250.533	8	31.317		
	Greenhouse-Geisser	250.533	4.565	54.879		
	Huynh-Feldt 值	250.533	5.186	48.307		
	下限	250.533	4.000	62.633		

【輸出結果的判讀 2】

②①的球面性的假設未被捨棄時，即看此處。此檢定首先注意交互作用的地方。如看飲料水 × 時間的地方時，顯著機率是 0.002，因之
「假設 H_0：飲料水與時間沒有交互作用」
可以捨棄。此事說明時間的變化類型依飲料水而有不同。

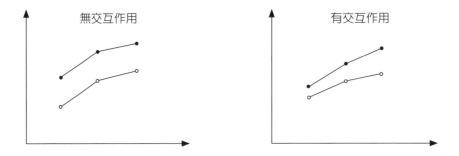

②③①的球面性的假設如被捨棄時，看此處，調查時間的變化類型是否有差異。可利用 Greenhous-Geisser 的 ε 來修正，或利用 Huynh-Feldt 的 ε 來修正。

8.2　多重比較

【統計處理的步驟】

　　表 8.1 的數據是由 2 個受試者內因子所構成，與第 2 章或第 6 章一樣，一般是不進行受試者內因子的多重比較。

　　譬如，以此數據的情形來說，即使按一下 SPSS 的 post hoc 檢定（H），SPSS 也不受理。換言之，像受試者內因子——時間——有對應關係時，有興趣的對象是在於該變化的類型。亦即，並不太關心各對的比較。

　　可是，無論如何想進行多重比較時⋯⋯！？

　　此時，可以考慮以下 2 個方法。

1. 按各飲料水，如第 3 章的 3.3 節那樣進行受試者內因子——時間——的多重比較。譬如⋯⋯

   只列舉 A 飲料水的數據，將受試者內因子——時間——的 1 個水準——運動前——當作對照（control），利用 Dunnett 方法進行多重比較

   或⋯⋯。

表 8.2　A 飲料水攝取後的心跳數

受試者	在 A 飲料水中心跳數的變化		
	運動前	90 分後	180 分後
陳一	44	120	153
林二	61	119	148
張三	67	157	167
李四	60	153	175
王五	61	139	162

2. 按各時間，如第 3 章的 3.3 節那樣進行受試者內因子——飲料水——的多重比較。譬如⋯⋯

   請注意 90 分後，表 8.1 消去了運動前與 180 分後。（事實上表 8.1 並未列入 B90 分後與 C90 分後，但只有 A90 分後與 B90 分後的 2 水準即不成為多重比較，因之以下的數據是新增 B 飲料水的 90 分後與 C 飲料水的 90 分後）

將此數據如以下那樣重排成無重複雙因子的型式。

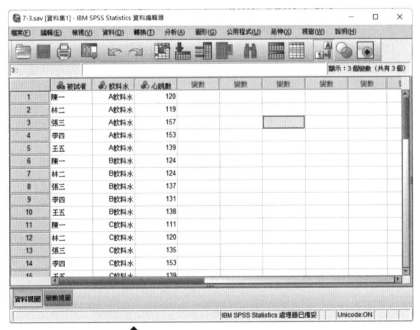

此多重比較利用 Tukey 的方法與
Bonferroni 的方法做做看

將數據重排時，與第 2 章的多重比較一樣，以〔統計處理的步驟〕做做看。

Tea Break

在對照組（control）與實驗組（處理組）之間進行多重比較的方法稱為 Dunnett's test。

有一個對照組，找出對照組與實驗組之間有無差異，但實驗群之間有無差異則不關心。

【SPSS 輸出】

這是在 90 分後 a 飲料水‧b 飲料水‧c 飲料水‧d 飲料水的多重比較！

Post Hoc 檢定
飲料水

多重比較

依變數：心跳數

	(I) 飲料水	(J) 飲料水	平均數差異 (I-J)	標準誤	顯著性	95% 信賴區間 下限	95% 信賴區間 上限
Tukey HSD	a 飲料水	b 飲料水	2.80	3.40	.842	-7.29	12.89
		c 飲料水	6.00	3.40	.335	-4.09	16.09
		d 飲料水	15.80*	3.40	.003	5.71	25.89
	b 飲料水	a 飲料水	-2.80	3.40	.842	-12.89	7.29
		c 飲料水	3.20	3.40	.784	-6.89	13.29
		d 飲料水	13.00*	3.40	.011	2.91	23.09
	c 飲料水	a 飲料水	-6.00	3.40	.335	-16.09	4.09
		b 飲料水	-3.20	3.40	.784	-13.29	6.89
		d 飲料水	9.80	3.40	.058	-.29	19.89
	d 飲料水	a 飲料水	-15.80*	3.40	.003	-25.89	-5.71
		b 飲料水	-13.00*	3.40	.011	-23.09	-2.91
		c 飲料水	-9.80	3.40	.058	-19.89	.29
Bonferroni	a 飲料水	b 飲料水	2.80	3.40	1.000	-7.91	13.51
		c 飲料水	6.00	3.40	.617	-4.71	16.71
		d 飲料水	15.80*	3.40	.003	5.09	26.51
	b 飲料水	a 飲料水	-2.80	3.40	1.000	-13.51	7.91
		c 飲料水	3.20	3.40	1.000	-7.51	13.91
		d 飲料水	13.00*	3.40	.014	2.29	23.71
	c 飲料水	a 飲料水	-6.00	3.40	.617	-16.71	4.71
		b 飲料水	-3.20	3.40	1.000	-13.91	7.51
		d 飲料水	9.80	3.40	.082	-.91	20.51
	d 飲料水	a 飲料水	-15.80*	3.40	.003	-25.51	-5.09
		b 飲料水	-13.00*	3.40	.014	-23.71	-2.29
		c 飲料水	-9.80	3.40	.082	-20.51	.91

以觀察的平均數為基礎。

*. 在水準 .05 上的平均數差異顯著。

Note

第 9 章
無重複雙因子的變異數分析與多重比較

本章內容

9.1 前言

使用表 9.1 的數據,利用 SPSS 進行無重複雙因子的變異數分析看看。

以下的數據是針對表皮細胞分裂測量用藥劑的效果而進行調查所得者。想知道的事情是表皮細胞分裂的比率是否因用藥時間而有差異呢?又,表皮細胞分裂的比率是否因藥劑量而有差異呢?

表 9.1 在藥劑量與用藥時間方面的表皮細胞分裂的比率

藥劑量 用藥時間	100μg	600μg	2400μg
3 小時	13.6%	15.6%	9.2%
6 小時	22.3%	23.3%	13.3%
12 小時	26.7%	28.8%	15.0%
24 小時	28.0%	31.2%	15.8%

【數據輸入的類型】

將數據輸入的步驟,與第 2 章的 1 元配置的變異數分析完全相同。因此一面觀察第 2 章的數據輸入步驟一面輸入看看。

不要弄錯數據的順序號碼!

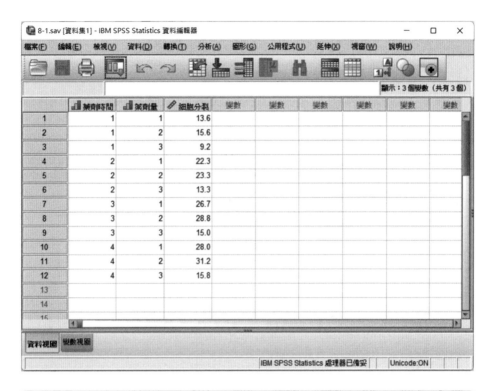

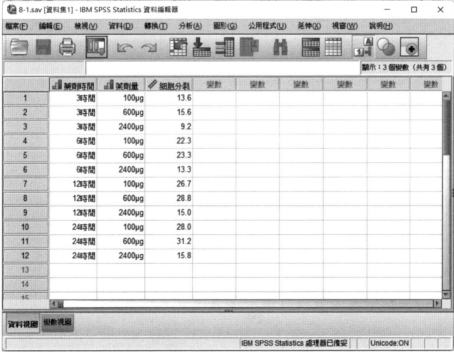

9.2 無重複雙因子的變異數分析

【統計處理的步驟】

步驟 1　統計處理是從前面的狀態按一下分析（A）開始的。當進行無重複雙因子的變異數分析時，按一下一般線性模型（G）。

步驟 2　再從右側的子清單之中，選擇單變異數（U）。
　　　　　於是，出現以下的對話框。

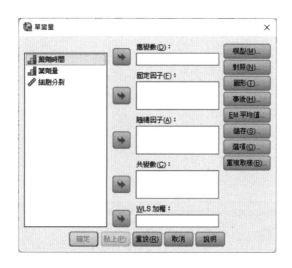

步驟 3　點選細胞分裂變成淺灰之後，按一下應變數（D）的左側的 ➡
時，即變成下方那樣。

步驟 4　點選藥劑時間變成淺灰之後，按一下固定因子（F）的左側的 ➡
時，如以下藥劑時間即進入固定因子（F）的方框之中。

步驟 5　其次點選藥劑量，按一下固定因子（F）左側的 ⇨ 時，藥劑量即
移到固定因子（F）的方框之中。
然後，按一下畫面右上的模型（M）。

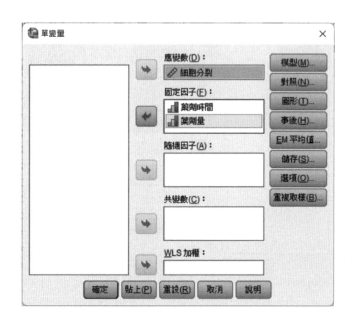

步驟 6　變成了以下的畫面，按一下建置項目（B）。

步驟 7　畫面的文字浮現黑體時，點選藥劑時間（F）按一下 ⮕，再點選藥劑量（F），按一下 ⮕（若同時按時，即出現交互作用）。

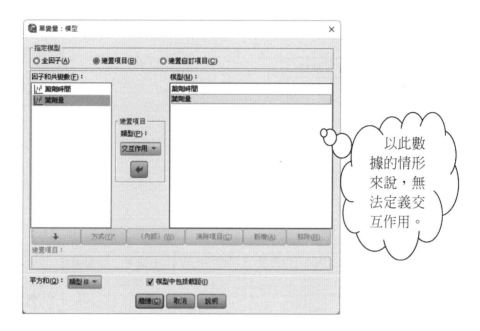

步驟 8　按一下 繼續，畫面回到如下時，以滑鼠按一下 確定 鈕。

【SPSS 輸出】

變異數的單變量分析

愛試者間因子

		數值註解	個數
藥劑	1	3 小時	3
時間	2	6 小時	3
	3	12 小時	3
	4	24 小時	3
藥劑	1	100μg	4
量	2	600μg	4
	3	2400μg	4

受試者間效應項的檢定

依變數：細胞分裂

來源	型 III 平方和	自由度	平均平方和	F 檢定	顯著性	
校正後的模式	561.982[a]	5	112.396	22.626	.001	
截距	4912.653	1	4912.653	988.959	.000	← ①
藥劑時間	267.020	3	89.007	17.918	.002	← ②
藥劑量	294.962	2	147.481	29.689	.001	
誤差	29.805	6	4.967			
總和	5504.440	12				
校正後的總數	591.787	11				

a. R 平方 = .950（調過後的 R 平方 = .908）

Tea Break

　　無重複的雙因子，在變異數分析的模式中無法列入交互作用項。2 個因子間當有交互作用時，必須先將 Tukey 的加法性檢定列入考慮。

　　Tukey 考慮如下的數學式子：

$$x_{ij} = \mu + \alpha_i + \beta_j + \gamma(\alpha\beta)_{ij} + \varepsilon_{ij}$$

想檢定

$H_0：\gamma = 0$

此方法即為 Tukey 的加法性檢定。如假設被捨棄時，則 $\gamma \neq 0$，$\gamma(\alpha\beta)_{ij} \neq 0$，因之交互作用即存在。

【輸出結果的判讀】

① 關於藥劑時間的檢定，這是針對藥劑時間之因子的 4 個水準，3 小時、6 小時、12 小時、24 小時檢定

「假設 H_0：4 個水準間沒有差異」

觀察顯著機率時，由於

顯著機率 = 0.002 < 顯著水準 α = 0.05

因之，假設 H_0 被捨棄。因此，藥劑時間的 4 個水準在細胞分裂的比例上知有差異。

② 針對另一個因子——藥劑量——的檢定

檢定「假設 H_0：3 個水準間沒有差異」

觀察顯著機率時，由於

顯著機率 = 0.001 < 顯著水準 α = 0.05

因之假設被捨棄。因此，藥劑量的 3 個水準 100μg, 600μg, 2400μg 在細胞分裂的比率上知有差異。

9.3 多重比較

【統計處理的步驟】

步驟 1 多重比較是從以下畫面開始。使用滑鼠按一下事後（H）檢定。

步驟 2 變成如下畫面，因之點選想進行多重比較的因子，譬如藥劑時間，按一下 ➡ 。

步驟 3　藥劑時間進入<u>此項目的事後檢定（P）</u>的方框之中時，從下方選擇
適合研究目的的多重比較。
譬如，Tukey 的方法──<u>Tukey（T）</u>。

步驟 4　按一下 <u>繼續</u>，回到原來的畫面，以滑鼠按一下 <u>確定</u>。

【SPSS 輸出】

Post Hoc 檢定

藥劑時間 ← ③

多重比較

依變數：細胞分裂

Tukey HSD

(I) 藥劑時間	(J) 藥劑時間	平均數差異 (I-J)	標準誤	顯著性	95% 信賴區間 下限	95% 信賴區間 上限
3 小時	6 小時	-6.833*	1.820	.036	-13.133	-.534
	12 小時	-10.700*	1.820	.004	-17.000	-4.400
	24 小時	-12.200*	1.820	.002	-18.500	-5.900
6 小時	3 小時	6.833*	1.820	.036	.534	13.133
	12 小時	-3.867	1.820	.246	-10.166	2.433
	24 小時	-5.367	1.820	.091	-11.666	.933
12 小時	3 小時	10.700*	1.820	.004	4.400	17.000
	6 小時	3.867	1.820	.246	-2.433	10.166
	24 小時	-1.500	1.820	.841	-7.800	4.800
24 小時	3 小時	12.200*	1.820	.002	5.900	18.500
	6 小時	5.367	1.820	.091	-.933	11.666
	12 小時	1.500	1.820	.841	-4.800	7.800

以觀察的平均數為基礎。

*. 在水準 .05 上的平均數差異顯著。

同質子集 ← ④

細胞分裂

Tukey HSD[a, b]

藥劑時間	個數	子集 1	子集 2
3 小時	3	12.800	
6 小時	3		19.633
12 小時	3		23.500
24 小時	3		25.000
顯著性		1.000	.091

同質子集中組別的平均數已顯示。

以型 III 平方和為基礎

平均平方和（誤差）= 4.967 中的誤差項。

a. 使用調和平均數樣本大小 -3.000

b. Alpha = .05

【輸出結果的判讀】

③ 針對藥劑時間利用 Tukey 的方法進行多重比較
　　有 * 記號的地方是有差異，譬如
　　3 小時與 6 小時，3 小時與 12 小時，3 小時與 24 小時
　　的 3 個組合，在顯著水準 5% 下均有差異。
④ 何謂同質子集（subgroup），是調查沒有顯著差異之水準的組合。
　　譬如，6 小時、12 小時、24 小時的 3 個水準之間沒有差異。

Note

第 10 章
3 因子的變異數分析與多重比較

本章內容

10.1 前言

使用表 10.1 的數據，利用 SPSS 進行 3 因子的變異數分析與多重比較看看。以下的數據是針對非洲爪蛙的 3 個因子

$\left\{ \begin{array}{l} 種別……雷比斯種與伯雷亞尼斯種 \\ 性別……雄與雌 \\ 期……55 期，57 期，59 期 \end{array} \right.$

測量表皮細胞的比率所得者。

表 10.1　雷比斯種與伯雷亞尼斯種的表皮細胞分裂的比率

期 ＼ 性別 ＼ 種類	雷比斯種		伯雷亞尼斯種	
	雄	雌	雄	雌
55 期	22.2 20.5 14.6	22.4 25.1 21.3	12.5 16.4 15.8	14.7 16.1 18.3
57 期	20.8 19.5 26.3	22.2 22.8 25.5	23.3 18.2 20.0	21.0 110.6 110.3
59 期	26.4 32.6 31.3	26.5 27.7 28.3	210.3 26.3 22.4	24.0 23.8 22.5

【數據輸入的類型】

10.2 3因子的變異數分析

【統計處理的步驟】

步驟 1 按一下分析（A），從一般線性模型（G）的清單中選擇單變異數（U）。於是……

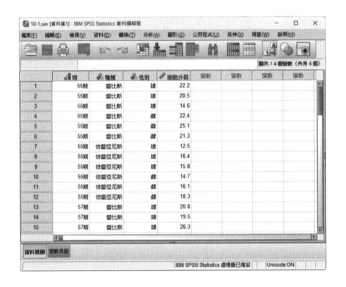

步驟 2 出現以下的畫面時，點選細胞分裂變成淺灰之後，按一下應變數（D）之左側的 ➡。

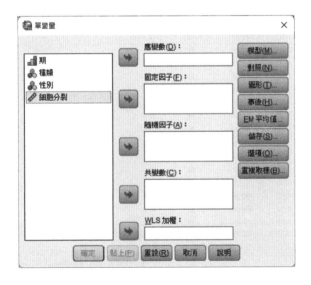

步驟 3　其次，點選「期」，按一下固定因子（F）左側的 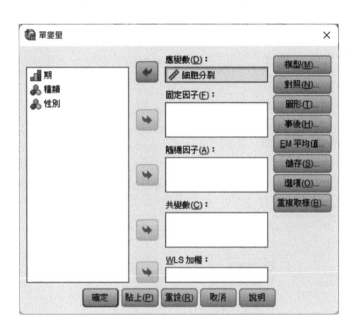，接著點選種類按一下 ，最後點選性別按一下 。

步驟 4　3 因子與 4 元配置，試著由自己構成變異數分析的橫式看看。因之按一下畫面右上的模型（M）。

步驟 5　為了建構模型，點選建置項目（B），畫面的文字即變淺灰。
　　　　以此數據的情形來說，
　　　　主效果當作
　　　　　　期、種類、性別
　　　　交互作用當作
　　　　　　期 × 種類
　　　　　　期 × 性別
　　　　因此……

步驟 6 點選期（F）按一下 ，其次點選種類（F），按一下 ，接著
點選性別（F）按一下 。

步驟 7 其次，分別點選期（F）與種類（F）2個，按一下 時，模式（M）
之中變成期＊種類。接著，點選期（F）與性別（F）2個，按一下
。

Tea Break

以 ctrl 鍵可個別點選，以 shift 鍵可同
時點選。

步驟 8　模式的構成結束時，按一下 繼續。
如回到以下畫面時，以滑鼠點選 確定。

【SPSS 輸出】3 因子的變異數分析

變異數的單變量分析

愛試者間因子

		數值註解	個數
期	1	55 期	12
	2	57 期	12
	3	59 期	12
種類	1	雷比斯	18
	2	伯雷亞尼斯	18
性別	1	雄	18
	2	雌	18

受試者間效應項的檢定

依變數：細胞分裂

來源	型 III 平方和	自由度	平均平方和	F 檢定	顯著性	
校正後的模式	633.758[a]	8	79.220	13.607	.000	
截距	17755.563	1	17755.563	3049.830	.000	
期	434.727	2	217.363	37.336	.000	← ①
種類	146.007	1	146.007	25.079	.000	← ②
性別	.202	1	.202	.035	.853	← ③
期 * 種類	11.496	2	5.748	.987	.386	← ⑤
期 * 性別	41.327	2	20.663	3.549	.043	← ④
誤差	157.189	27	5.822			
總和	18546.510	36				
校正後的總數	790.947	35				

a. R 平方 = .801（調過後的 R 平方 = .742）

【輸出結果的判讀】

① 有關期因子之差的檢定
　　這是檢定
　　「假設 H_0：期 55、57、59 之間無差異」
　　由於顯著機率 = 0.00000 < 顯著水準 α = 0.05
　　因之假設 H_0 被捨棄，知 3 個期之間有差異。
② 有關種類因子之差的檢定
　　這是檢定
　　「假設 H_0：雷比斯種與伯雷亞尼斯種之間無差異」

由於顯著機率比顯著水準 $\alpha = 0.05$ 小，因之捨棄假設。亦即，雷比斯種與伯雷亞尼斯種之間有差異。

③ 有關性別之因子的差檢定

這是檢定

「假設 H_0：雄與雌之間無差異」

由於顯著機率 0.853 比顯著水準 $\alpha = 0.05$ 大，因之假設無法捨棄。

因此，雄與雌之間不能說有差異。

④ 有關 2 個因子——期與性別——之交互作用的檢定

這是檢定

「假設 H_0：期與性別之間無交互作用」

因為顯著機率 0.043 < 顯著水準 $\alpha = 0.05$

因之假設被捨棄，說明交互作用之存在。

此種時候，有關期之差的檢定或有關性別之差的檢定，不太有意義。

⑤ 2 個因子——期與種類——的交互作用的檢定

這是檢定

「假設 H_0：期與種類之間沒有交互作用」

但是，性別與期之間由於存在交互作用，結果有意義的水準間之差的檢定，即變成只有觀察種類的因子之差的檢定。

10.3　多重比較

【統計處理的步驟】

步驟 1　多重比較是從以下畫面開始。按一下畫面右方的事後（H）檢定時……。

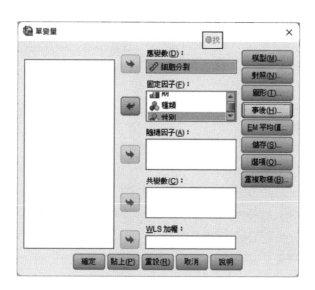

步驟 2　出現如下畫面時，點選想多重比較之因子，按一下 ➡。於是，該因子即移到此項目的事後檢定（H）檢定的方框之中。

步驟3 就期與種類的 2 個因子，進行多重比較看看。然後，譬如，點選 Tukey 的方法——Tukey（T）。之後按一下 繼續 時，回到最初的畫面，以滑鼠按一下 確定 鈕。

 Tea Break

　　進行多重比較時，需要先調查該因子與其他因子有沒有交互作用。此數據的情形，由於期與性別之間有交互作用，所以關於期的多重比較不太有意義。

【SPSS 輸出】3 因子的多重比較

Post Hoc 檢定期

多重比較

依變數：細胞分裂

Tukey HSD

(I) 期	(J) 期	平均數差異 (I-J)	標準誤	顯著性	95% 信賴區間 下限	95% 信賴區間 上限	
55 期	57 期	-3.217*	1.022	.012	-5.769	-.664	← ⑥
	59 期	-8.433*	1.022	.000	-10.986	-5.881	
57 期	55 期	3.217*	1.022	.012	.664	5.769	
	59 期	-5.217*	1.022	.000	-7.769	-2.664	
59 期	55 期	6.433*	1.022	.000	5.881	10.986	
	57 期	5.217*	1.022	.000	2.664	7.769	

以觀察的平均數為基礎。

*. 在水準 .05 上的平均數差異顯著。

警告　　　　　　　　　　　　　　　　　　　　← ⑦

種類未執行 Post hoc 檢定，因為組別少於三組。

同質子集　　　　　　　　　　　　　　　　　　← ⑧

細胞分裂

Tukey HSD[a, b]

期	個數	子集 1	子集 2	子集 3
55 期	12	18.325		
57 期	12		21.542	
59 期	12			26.758
顯著性		1.000	1.000	1.000

【輸出結果的判讀】

⑥ 關於期的因子利用 Tukey 的方法進行多重比較。

有 * 記號的組合在顯著水準 5% 下有顯著差異。

以此數據的情形來說，觀察輸出結果時，知所有的組合均有顯著差異。

但是如④中所見到的，期的因子與性別的因子有交互作用，因之，有關期的因子的多重比較不太有意義。

⑦ 事實上，想進行多重比較的水準有 2 個時，像②的差的檢定即很足夠，因此，SPSS 不會再進行多重比較。

⑧ 同質子集是將沒有差的組加以整理。

第 11 章
共變量變異數分析與多重比較

本章內容

11.1 前言

使用表 11.1 的數據,利用 SPSS 進行共變量變異數分析與多重比較看看。

以下的數據是針對非洲爪蛙的表皮細胞分裂,測量已分裂的細胞數與表皮細胞的總數。

以表皮細胞的總數當作共變量,調查從 51 期到 61 期之間已分裂的細胞數是否有差異。

表 11.1　非洲爪蛙的表皮細胞分裂

發生期	分裂的細胞數	表皮細胞的總數
51 期	3	35
	5	38
	3	39
55 期	3	36
	3	39
	8	54
57 期	2	40
	2	45
	2	39
59 期	3	47
	4	52
	2	48
61 期	1	64
	2	80
	0	71

↑
此為共變量

【數據輸入的類型】

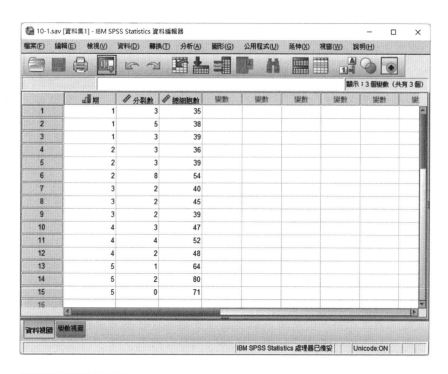

Tea Break

共變量是 1 個時，如當作

$$\frac{檢定變數}{共變量}\left(=\frac{已分裂的細胞數}{細胞的總數}\right)$$

時，並非是共變量變異數分析，1 元配置的變異數分析想來是足夠的，但共變量有 2 個以上時⋯⋯？

【註】分析時，間接利用的變量，稱爲共變量，也稱爲共變數（covariate）。利用共變量進行變異數分析時，稱爲共變量變異數分析。共變量變異數分析可以想成是將變異數分析與迴歸分析合在一起的分析方法。

譬如，要測量 3 種麻醉藥的持續時間。爲了調查 3 組的平均麻醉時間是否有差異，雖然可以進行 1 元配置的變異數分析，但麻醉藥的持續時間似乎與體重也有關係。因此將體重也列入，檢定 3 種麻醉藥是否有差異，即爲共變量變異數分析。實際上比較麻醉藥的平均值時，可利用以下所調整的平均值，也稱爲調整平均值，即

已調整時間之平均值 = 時間的平均值 − 斜率 ×（體重的平均值 − 總平均）。

雖然體重與原本的分析無關，當作分析的輔助所使用的變量稱爲共變量，共變量可當作如下的迴歸直線的說明變量來使用，即

麻醉時間 = 常數 + 斜率 × 體重（$X_1 = a + BX_2$）

此時斜率是否爲 0 是重點所在，如果斜率爲 0 即不考慮共變量（體重）的意義。因之，共變量變異數分析的進行步驟如下：

STEP1 針對各組進行迴歸直線的平行性檢定

STEP2 檢定迴歸直線的顯著性

STEP3 檢定組間的差異

STEP4 進行多重比較

11.2　共變量變異數分析的同質性檢定

【統計處理的步驟】

步驟 1　點選分析（A），從一般線性模型（G）的清單之中選擇單變異數（U）。於是……

共變量變異數分析首先必須進行平行性的檢定。

步驟 2　由於出現以下的畫面，因之要將分裂數移到應變數（D）的方框中，將期移到固定因子（F）的方框中，將總細胞數移到共變數（C）的方框中。

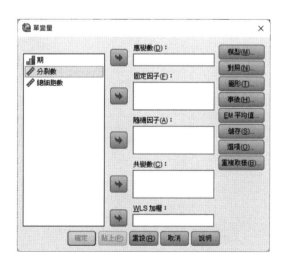

步驟 3 首先，以滑鼠點選分裂數變成淺灰之後，按一下應變數（D）的左側的  時，分裂數即移到應變數（D）的方框中。

步驟 4 其次點選期，按一下固定因子（F）左側的  時，期即進入右方的方框之中。

步驟 5　最後點選總細胞數，按一下共變數（C）之左側的  時，即應變成如下方那樣。

步驟 6　此處，為了進行平行性的檢定，點選畫面右上的模型（M）時，出現以下的畫面，因之以滑鼠點選建置項目（B）。

步驟 7　因此，文字變黑，因之點選期（F），按一下 建置項目（B） 下方的 ，期即移向右方方框內。

步驟 8　接著，點選總細胞數，按一下  。

步驟 9　最後，同時點選因子的期（F）與共變量的總細胞數（F）變成藍
色之後，在建置項目之下按一下 ➡ 。

步驟 10　於是，期與總細胞數的交互作用出現在模型（M）的方框中。
然後，按 繼續 。

步驟 11 回到以下的畫面時，以滑鼠按一下 確定 鈕。

【SPSS 輸出】共變量變異數分析的同質性檢定

變異數的單變量分析

愛試者間因子

		數值註解	個數
期	1	51 期	3
	2	55 期	3
	3	57 期	3
	4	59 期	3
	5	61 期	3

受試者間效應項的檢定

依變數：分裂數

來源	型 III 平方和	自由度	平均平方和	F 檢定	顯著性
校正後的模式	42.641[a]	9	4.738	4.652	.053
截距	1.148	1	1.148	1.127	.337
期	1.495	4	.374	.367	.824
總細胞數	2.611	1	2.611	2.563	.170
期 * 總細胞數	4.813	4	1.203	1.181	.420
誤差	5.092	5	1.018		
總和	171.000	15			
校正後的總數	47.733	14			

a. R 平方 = .893（調過後的 R 平方 = .701）

Tea Break

　A 與 B 無交互作用 ＝ A 與 B 平行，如利用 A 與 B 之交互作用的檢定時，可以進行 A 與 B 之同質性檢定（test of Homogeneity of Slopes）。

【輸出結果的判讀】

① 共變量變異數分析中的第 1 階段是此處的檢定！
　檢定以下的假設：
　「假設 H_0：期（＝因子）與總細胞數（＝共變量）之間沒有交互作用」
　此事是說

| 因子與共變量之間無交互作用 | | 因子在各水準中的斜率互為相等（＝同質性） |

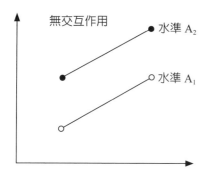

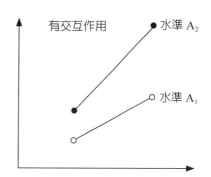

　觀察輸出結果時，由於
　顯著機率 ＝ 0.420 ＞ 顯著水準 α ＝ 0.05
　因之，假設 H_0 不能捨棄。
　因此，看不出期（＝因子）與總細胞數（＝共變量）之間有交互作用。因之，知可以假定同質性。

11.3 共變量變異數分析與多重比較

【統計處理的步驟】

步驟 1 從以下的畫面開始。但是，必須先將共變量變異數分析還原。
因此，點選模型（M）。

Tea Break

先確認同質性檢定的結果，假設未被
捨棄。

步驟 2 觀察畫面，模型的指令<mark>出現項目（B）</mark>，因之，以滑鼠點選<mark>全因子（A）</mark>。

步驟 3 於是，畫面的文字如以下變淡。
接著，按一下 繼續 。

步驟 4　此次，必須進行迴歸的顯著性檢定，因之點選選項（O）。

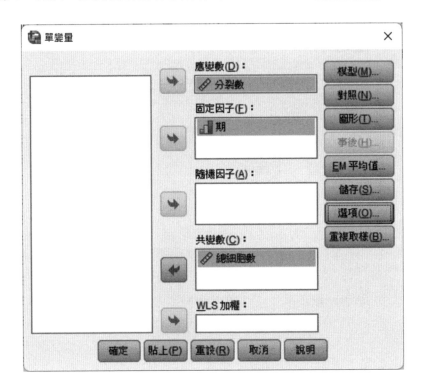

Tea Break

迴歸的顯著性檢定，是確認斜率不為 0 的檢定。

步驟 5　於是，在顯示的下方有參數估計值（T），按一下此處，□就會變成 ☑。

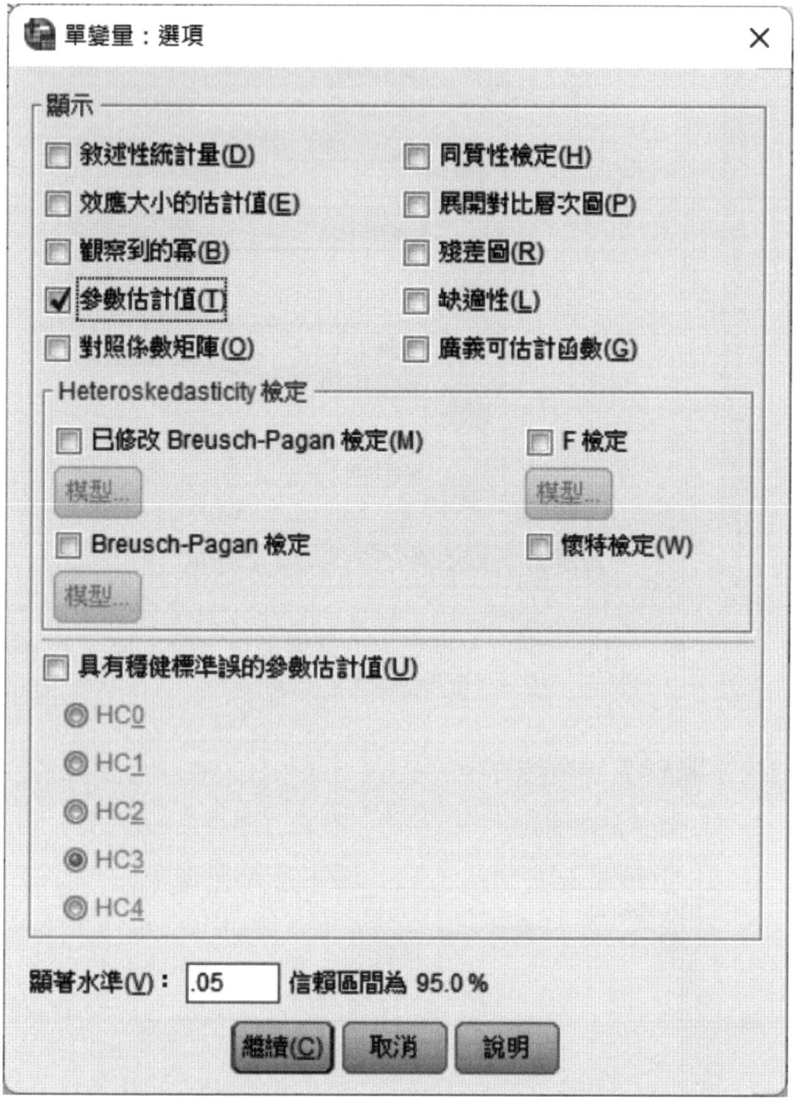

步驟 6　想比較已調整的平均值時，點選 EM 平均值。

步驟 7　出現如下畫面，點選左框之中的期變顏色之後，按一下 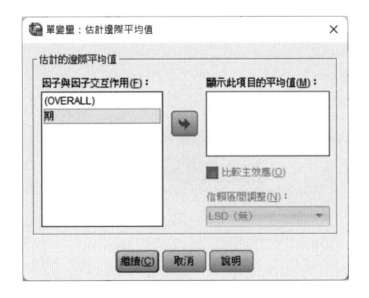，接
　　　　著，也不要忘了按一下比較主效應（O）。

步驟 8　畫面如變成如下時，按一下 繼續 。

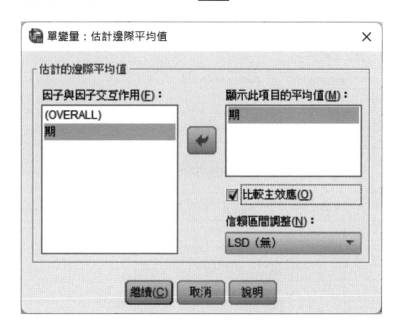

步驟 9　不久，回到以下的畫面，以滑鼠點選 確定 鈕，即告完成。

【SPSS 輸出 1】共變量變異數分析與多重比較

變異數的單變量分析

受試者間因子

		數值註解	個數
期	1	51 期	3
	2	55 期	3
	3	57 期	3
	4	59 期	3
	5	61 期	3

受試者間效應項的檢定

依變數：分裂數

來源	型 III 平方和	自由度	平均平方和	F 檢定	顯著性	
校正後的模式	37.828[a]	5	7.566	6.874	.007	
截距	6.413	1	6.413	5.827	.039	
總細胞數	13.428	1	13.428	12.200	.007	← ③
期	34.111	4	8.528	7.748	.005	← ④
誤差	9.906	9	1.101			
總和	171.000	15				
校正後的總數	47.733	14				

a. R 平方 = .792（調過後的 R 平方 = .677）

參數估計值

依變數：分裂數

參數	迴歸係數 B	標準誤	t	顯著性	95% 信賴區間 下限	95% 信賴區間 上限	
截距	-12.880	4.020	-3.204	.011	-21.973	-3.787	
總細胞數	.194	.055	3.493	.007	6.824E-02	.319	← ②
[期 = 1　]	9.316	2.088	3.463	.002	4.594	14.038	
[期 = 2　]	9.18	1.806	5.105	.001	5.134	13.303	
[期 = 3　]	6.875	1.887	3.642	.005	2.605	11.144	
[期 = 4　]	6.390	1.521	4.201	.002	2.949	9.830	
[期 = 5　]	0[a]						

a. 此參數因重疊而設定為零。

【輸出結果的判讀 1】

② 此處是迴歸的顯著性檢定，即檢定以下的假設。

「假設 H_0：斜率為 0」

由於顯著機率 = 0.007 比顯著水準 α = 0.05 小，因之假設 H_0 被捨棄。

因為斜率不是 0，使用共變量進行共變量變異數分析才有意義。

此共同的斜率知 B = 0.194。

③ 取此 F 值的平方根

$\sqrt{12.200} = 3.49284 \cdots$

與②之 t 值一致。

亦即，③與②是進行相同的檢定。

④ 此處是共變量變異數分析的主要部分。這是檢定

「假設 H_0：5 個水準之間沒有差異」

顯著機率 = 0.005 比顯著水準 $\alpha = 0.05$ 小，因之假設 H_0 被捨棄。

因此，5 個期之間知有差異。

【SPSS 輸出 2】共變量變異數分析與多重比較

估計的邊際平均數
期

估計值

依變數：分裂數

期	平均數	標準誤	95% 信賴區間	
			下限	上限
51 期	5.823[a]	.865	3.866	7.779
55 期	5.725[a]	.677	4.193	7.258
57 期	3.382[a]	.723	1.745	5.018
59 期	2.897[a]	.606	1.525	4.269
61 期	-3.493[a]	1.422	-6.710	-.277

← ⑤

a. 在模式中所顯示的共變量評估：總細胞數 = 48.47。

成對比較

依變數：分裂數

(I) 期	(J) 期	平均數差異 (I-J)	標準誤	顯著性[a]	差異的 95% 信賴區間[a]	
					下限	上限
51 期	55 期	9.745E-02	.912	.917	-1.967	2.161
	57 期	2.441*	.885	.022	.440	4.443
	59 期	2.926*	1.073	.023	.498	5.354
	61 期	9.316*	2.088	.002	4.594	14.038
55 期	51 期	-9.745E-02	.912	.917	-2.161	1.967
	57 期	2.344*	.862	.024	.395	4.293
	59 期	2.829*	.919	.013	.750	4.907
	61 期	9.218*	1.806	.001	5.134	13.303
57 期	51 期	-2.441*	.885	.022	-4.443	-.440
	55 期	-2.344*	.862	.024	-4.293	-.395
	59 期	.485	.956	.624	-1.678	2.648
	61 期	6.875*	1.887	.005	2.605	11.144
59 期	51 期	-2.926*	1.073	.023	-5.354	-.498
	55 期	-2.829*	.919	.013	-4.907	-.750
	57 期	-.485	.956	.624	-2.648	1.678
	61 期	6.390*	1.521	.002	2.949	9.830
61 期	51 期	-9.316*	2.088	.002	-14.038	-4.594
	55 期	-9.218*	1.806	.001	-13.303	-5.134
	57 期	-6.875*	1.887	.005	-11.144	-2.605
	59 期	-6.390*	1.521	.002	-9.830	-2.949

← ⑥

以可估計的邊際平均數為基礎

*. 在水準 .05 的平均數差異顯著。

a. 多重比較調整：最小顯著差異（等於沒有調整）。

【輸出結果的判讀 2】

⑤ 輸出已調整的平均值。

此求法是利用②所求出的 B = 0.194 如下計算：

$$\begin{cases} 5.82 = -3.57 + 0.194 \times 48.47 \\ 5.73 = -3.67 + 0.194 \times 48.47 \\ \vdots \\ -3.49 = -6.51 + 0.194 \times 48.47 \end{cases}$$

$\leftarrow \bar{x} = 48.47$

$\beta = 0.194$

⑥ 求出各水準中已調整之平均值的差，在顯著水準 5% 下有差異的地方加上 * 記號。可是，這並非多重比較。需要注意！因此……

利用 Bonferroni 的不等式進行多重比較。各對的組合如以下有

$5C_2 = 10$

種，因之找出顯著機率比 $\dfrac{\alpha}{10} = \dfrac{0.05}{10}$ 小的組合即可。譬如，

51 期與 61 期
55 期與 61 期
57 期與 61 期
59 期與 61 期
$\vdots$
$\vdots$

第 12 章
多變量變異數分析與多重比較

本章內容

12.1 前言

使用表 12.1 的數據，利用 SPSS 試著進行多變量變異數分析看看。

以下的數據是針對非洲爪蛙背鰭寬度的比率、筋肉部分寬度的比率、腹鰭寬度的比率，從 55 期到 63 期，4 個期所調查的結果。

表 12.1　蝌蚪的各部分的長度

發生期	背鰭寬度	筋肉部分寬度	腹鰭寬度
55 期	2.6	2.6	1.9
	2.2	2.4	1.4
	2.4	2.8	1.9
	2.7	3.5	2.6
59 期	2.3	2.2	1.3
	2.6	2.8	1.8
	2.5	2.9	2.3
	2.2	2.4	1.9
61 期	2.4	2.6	1.5
	1.8	2.2	1.1
	1.4	2.1	1.3
	1.2	1.8	0.8
63 期	1.2	1.2	0.9
	1.8	2.0	1.4
	1.1	1.7	1.0
	1.8	2.1	1.3

【數據輸入的類型】

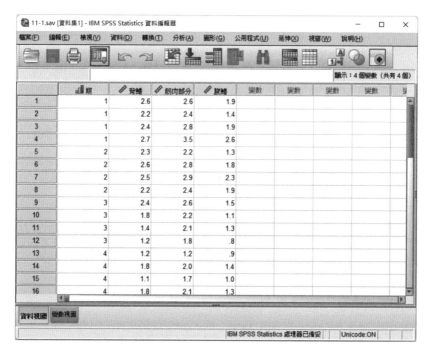

12.2 多變量變異數分析

【統計處理的步驟】

步驟 1 點選分析（A），從一般線性模型（G）的清單之中，選擇多變異數（M）。

步驟 2 於是，出現以下畫面，將筋肉部分、背鰭、腹鰭移到應變數（D）的方框中，期移到固定因子（F）的方框中。

步驟 3　按著筋肉部分不放，將滑鼠拉到背鰭、腹鰭，將此 3 者同時變成淺灰，再按一下 應變數（D） 之左側的 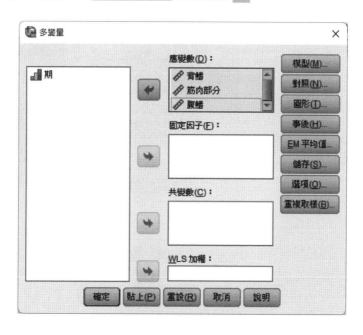。

步驟 4　其次，點選期，按一下 固定因子（F） 的左側的 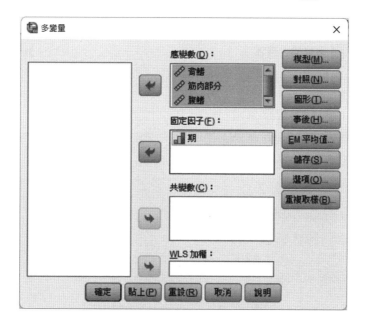。

步驟 5 畫面右方有選項（O），試按一下。

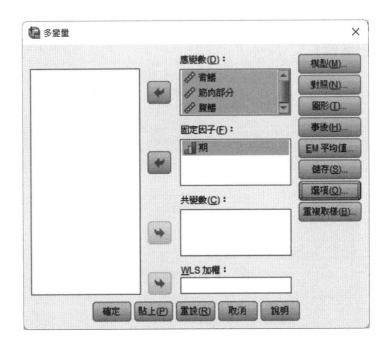

步驟 6 於是，出現如下的畫面，由於有同質性檢定（H），按一下此處。
於是，替我們進行 Box 的 M 檢定。

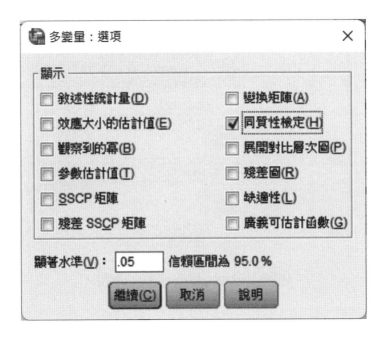

步驟 7　以滑鼠按一下 繼續 ，回到以下的畫面，按一下 確定 鈕。

 Tea Break

　　1 元配置的變異數分析或 2 元配置的變異數分析是處理針對 1 變量的數據。相對的，數據如以下以向量（x, y, z）提供時，稱為多變量變異數分析（multivariate analysis of variance）。

因子	數據
水準 A_1	$(x_{11}, y_{11}, z_{11}) (x_{12}, y_{12}, z_{12}) \cdots (x_{1n_1}, y_{1n_1}, z_{1n_1})$
水準 A_2	$(x_{21}, y_{21}, z_{21}) (x_{22}, y_{22}, z_{22}) \cdots (x_{2n_2}, y_{2n_2}, z_{2n_2})$
水準 A_3	$(x_{31}, y_{31}, z_{31}) (x_{32}, y_{32}, z_{32}) \cdots (x_{3n_3}, y_{3n_3}, z_{3n_3})$

【SPSS 輸出 1】

一般線性模式

愛試者間因子

		數值註解	個數
期	1	55 期	4
	2	59 期	4
	3	61 期	4
	4	63 期	4

← ①

共變量矩陣等式的 Box 檢定 [a]

Box's M	54.113
F 檢定	1.543
分子自由度	18
分母自由度	508.859
顯著性	.071

檢定依變數的觀察共變量矩陣之虛無假設，等於交叉組別。
a. 設計：Intercept + 期

多變量檢定 [c]

效應項		數值	F 檢定	假設自由度	誤差自由度	顯著性
Intercept	Pillai's Trace	.983	194.628[a]	3.000	10.000	.000
	Wilks' Lambda 變數選擇法	.017	194.628[a]	3.000	10.000	.000
	多變量顯著性檢定	58.389	194.628[a]	3.000	10.000	.000
	Roy 的最大平方根	58.389	194.628[a]	3.000	10.000	.000
期	Pillai's Trace	1.198	2.660	9.000	36.000	.018
	Wilks' Lambda 變數選擇法	.158	3.083	9.000	24.488	.013
	多變量顯著性檢定	3.123	3.007	9.000	26.000	.013
	Roy 的最大平方根	2.126	8.504[b]	3.000	12.000	.003

← ②

【輸出結果的判讀 1】

① Box 的 M 檢定是檢定變異共變異矩陣的相等性，亦即檢定
假設 $H_0 : \Sigma^{(1)} = \Sigma^{(2)} = \Sigma^{(3)} = \Sigma^{(4)}$
其中，
$\Sigma^{(1)} = 55$ 期的母變異共變異矩陣，$\cdots \Sigma^{(4)} = 63$ 期的母變異共變異矩陣。
觀察輸出結果時，顯著機率 $= 0.071$ 比顯著水準 $\alpha = 0.05$ 大，因之假設
H_0 無法被捨棄。亦即，可以假定 4 個母變異共變異矩陣互為相等。

② 多變量檢定的假設成為如下。
假設 $H_0 :$
$(\mu_1^{(1)}, \mu_2^{(1)}, \mu_3^{(1)}) = (\mu_1^{(2)}, \mu_2^{(2)}, \mu_3^{(2)}) = (\mu_1^{(3)}, \mu_2^{(3)}, \mu_3^{(3)}) = (\mu_1^{(4)}, \mu_2^{(4)}, \mu_3^{(4)})$
其中，

$(\mu_1^{(i)}, \mu_2^{(i)}, \mu_3^{(i)})$ = 第 I 期（背鰭的母平均、筋肉部分的母平均、腹鰭的母平均）

Pillai, Wilks, Hotelling, Roy 的 4 個顯著機率，分別比顯著水準 $\alpha = 0.05$ 小，因之，不管採用哪一個方法，假設 H_0 均可捨棄。

因此，知 55 期、59 期、61 期、63 期之間有差異。

【SPSS 輸出 2】多變量變異數分析

誤差變異量的 Levene 檢定等式 [c]

◀③

	F 檢定	分子自由度	分母自由度	顯著性
背鰭	2.875	3	12	.080
筋肉部分	.209	3	12	.888
腹鰭	.251	3	12	.859

檢定各組別中依變數誤差變異量的虛無假設是相等的。
a. 設計：Intercept + 期

受試者間效應項的檢定

來源	依變數	型 III 平方和	自由度	平均平方和	F 檢定	顯著性
校正後的模式	背鰭	3.002[a]	3	1.001	7.927	.004
	筋肉部分	2.662[b]	3	.887	5.810	.011
	腹鰭	2.135[c]	3	.712	5.099	.017
Intercept	背鰭	64.803	1	64.803	513.287	.000
	筋肉部分	86.956	1	86.956	569.423	.000
	腹鰭	37.210	1	37.210	266.579	.000
期	背鰭	3.003	3	1.001	7.927	.004
	筋肉部分	2.662	3	.887	5.810	.011
	腹鰭	2.135	3	.712	5.099	.017
誤差	背鰭	1.515	12	.126		
	筋肉部分	1.832	12	.153		
	腹鰭	1.675	12	.140		
總和	背鰭	69.320	16			
	筋肉部分	91.450	16			
	腹鰭	41.020	16			
校正後的總數	背鰭	4.517	15			
	筋肉部分	4.494	15			
	腹鰭	3.810	15			

◀④（對應於「期」列）

a. R 平方 = .665（調過後的 R 平方 = .581）
b. R 平方 = .592（調過後的 R 平方 = .490）
c. R 平方 = .560（調過後的 R 平方 = .450）

【輸出結果的判讀 2】

③ 是指各變數的 Levene 的等變異性的檢定。

④ 按各變數進行 1 元配置的變異數分析。

譬如,只列舉背鰭,進行 1 元配置的變異數分析時,得出如下的輸出結果。

變異數同質性檢定

背鰭

Levene 統計量	分子自由度	分母自由度	顯著性
2.875	3	12	.080

變異數分析

背鰭

	平方和	自由度	平均平方和	F 檢定	顯著性
組間	3.003	3	1.001	7.927	.004
組內	1.515	12	.126		
總和	4.518	15			

此 F 值與顯著機率,知是與④之中的背鰭的 F 值或顯著機率一致。

【註】同質性檢定也稱為等變異性檢定(test of homogeneity of variance)。
同等性檢定也稱為一致性檢定(test of equality)。

 Tea Break

多變量檢定中,以下的 4 種統計量經常出現。
Pillai 的 trace、Wilks 的 Lambda、Hotelling 的 trace、Roy 的最大限。
此 4 個統計量設
H = 假設平方和積和矩陣,E = 誤差平方和積和矩陣
時,將 $E^{-1}H$ 的特徵值(eigen values)
$$\lambda_1 \geq \lambda_2 \geq \cdots \geq \lambda_s$$
代入下式時,即可求得。

$$
\begin{cases}
Pillai的trace \cdots V = \sum_{i=1}^{s} \frac{\lambda_i}{1+\lambda_i} \\
Wilks的Lambda \cdots \Lambda = \sum_{i=1}^{s} \frac{1}{1+\lambda_i} \\
Hotelling的trace \cdots U = \sum_{i=1}^{s} \lambda_i \\
Roy的最大限 \cdots \Theta = \lambda_{max}
\end{cases}
$$

可是，為此必須計算特徵值，但以電腦難以求出。

因此，試利用以下的 SPSS Syntax Command。

表 12.1 的數據的情形……

```
MANOVA
X1 X2 X3 BY Y(1 4)
/METHOD UNIQUE
/ERROR WITHIN+RESIDUAL
/PRINT SIGNIF(MULT AVERF EIGEN)
/NOPRINT PARAM(ESTIM).
```

◀　X1=背鰭
　　X2=筋肉部份
　　X3=腹鰭
　　X4=尾部

執行指令時，得出如下的輸出結果。

```
* * * * * * A n a l y s i s   o f   V a r i a n c e -- design   1 * * * * * *

EFFECT .. Y
Multivariate Tests of Significance (S = 3, M = -1/2, N = 4 )

Test Name        Value    Approx. F Hypoth. DF   Error DF  Sig. of F

Pillais         1.19828    2.66029     9.00        36.00     .018
Hotellings      3.12251    3.00686     9.00        26.00     .013
Wilks            .15820    3.08348     9.00        24.49     .013
Roys             .68010

- - - - - - - - - - - - - - - - - - - - - - - - - - - - - - - - - - - -

Eigenvalues and Canonical Correlations

Root No.    Eigenvalue       Pct.     Cum. Pct.  Canon Cor.

    1         2.126         68.086      68.086      .825
    2          .970         31.067      99.153      .702
    3          .026           .847     100.000      .161
```

Pillais $\cdots 1.19828 = \dfrac{\lambda_1}{1+\lambda_1} + \dfrac{\lambda_2}{1+\lambda_2} + \dfrac{\lambda_3}{1+\lambda_3}$

$$= \dfrac{2.126}{1+2.126} + \dfrac{0.970}{1+0.970} + \dfrac{0.026}{1+0.026} = 1.198$$

Hotelling $\cdots 3.12251 = \lambda_1 + \lambda_2 + \lambda_3$

$$= 2.126 + 0.970 + 0.026 = 3.122$$

Wilks $\cdots 0.15820 = \dfrac{1}{1+\lambda_1} \cdot \dfrac{1}{1+\lambda_2} \cdot \dfrac{1}{1+\lambda_3}$

$$= \dfrac{1}{1+2.126} \cdot \dfrac{1}{1+0.970} \cdot \dfrac{1}{1+0.026} = 0.158$$

第 6 章的語法指令

```
MANOVA
X1 X2 X3 BY Y(1 2)|
/WSFACTORS factor1(3)
/METHOD UNIQUE
/ERROR WITHIN+RESIDUAL
/PRINT SIGNIF(MULT AVERF EIGEN)
/NOPRINT PARAM(ESTIM).
```

第 2 章的語法指令

```
MANOVA
X1 X2 X3 X4
/WSFACTORS factor1(4)|
/METHOD UNIQUE
/ERROR WITHIN+RESIDUAL
/PRINT SIGNIF(MULT AVERF EIGEN)
/NOPRINT PARAM(ESTIM).
```

12.3　多重比較

【統計處理的步驟】

步驟 1　從以下畫面開始。按一下事後（H）檢定……

步驟 2　點選因子（F）的方框之中的期，變成淺灰之後，按一下 ➡，於是畫面的文字變黑。

步驟 3　從各種多重比較之中，選擇適於研究的手法。
　　　　　譬如，試以滑鼠點選 Tukey 的方法──Tukey（T）。接著，按 繼續 。

步驟 4　回到以下畫面時，按一下 確定 即告完成。

【SPSS 輸出】多變量變異數分析的多重比較

Post Hoc 檢定

期

多重比較

Tukey HSD

依變數	(I) 期	(J) 期	平均數差異 (I-J)	標準誤	顯著性	95% 信賴區間 下限	上限	
背鰭	55期	59期	7.500E-02	.251	.990	-.671	.821	
		61期	.775*	.251	.041	2.907E-02	1.521	
		63期	1.000*	.251	.009	.254	1.746	
	59期	55期	-7.500E-02	.251	.990	-.821	.671	
		61期	.700	.251	.068	-4.593E-02	1.446	
		63期	.925*	.251	.014	.179	1.671	←⑤
	61期	55期	-.775*	.251	.041	-1.521	-2.907E-02	
		59期	-.700	.251	.068	-1.446	4.593E-02	
		63期	.225	.251	.807	-.521	.971	
	63期	55期	-1.000*	.251	.009	-1.746	-.254	
		59期	-.925*	.251	.014	-1.671	-.179	
		61期	-.225	.251	.807	-.971	.521	
筋肉部分	55期	59期	.250	.276	.803	-.570	1.070	
		61期	.650	.276	.140	-.170	1.470	
		63期	1.075*	.276	.010	.255	1.895	
	59期	55期	-.250	.276	.803	-1.070	.570	
		61期	.400	.276	.496	-.420	1.220	
		63期	.825*	.276	.049	4.617E-03	1.645	←⑥
	61期	55期	-.650	.276	.140	-1.470	.170	
		59期	-.400	.276	.496	-1.220	.420	
		63期	.425	.276	.447	-.395	1.245	
	63期	55期	-1.075*	.276	.010	-1.895	-.255	
		59期	-.825*	.276	.049	-1.645	-4.617E-03	
		61期	-.425	.276	.447	-1.245	.395	
腹鰭	55期	59期	.125	.264	.964	-.659	.909	
		61期	.775	.264	.053	-9.336E-03	1.559	
		63期	.800*	.264	.045	1.566E-02	1.584	
	59期	55期	-.125	.264	.964	-.909	.659	
		61期	.650	.264	.118	-.134	1.434	
		63期	.675	.264	.101	-.109	1.459	←⑦
	61期	55期	-.775	.264	.053	-1.559	9.336E-03	
		59期	-.650	.264	.118	-1.434	.134	
		63期	2.500E-02	.264	1.000	-.759	.809	
	63期	55期	-.800*	.264	.045	-1.584	-1.566E-02	
		59期	-.675	.264	.101	-1.459	.109	
		61期	-2.500E-02	.264	1.000	-.809	.759	

【輸出結果的判讀】

⑤ 就背鰭進行多重比較。

　以下的輸出結果是只列舉背鰭,如第 2 章 2.2 節利用 Tukey 的方法進行多重比較。

多重比較

依變數: 背鰭
Tukey HSD

(I) 期	(J) 期	平均差異 (I-J)	標準誤	顯著性	95% 信賴區間	
					下界	上界
1	2	7.500E-02	.251	.990	-.671	.821
	3	.775*	.251	.041	2.907E-02	1.521
	4	1.000*	.251	.009	.254	1.746
2	1	-7.500E-02	.251	.990	-.821	.671
	3	.700	.251	.068	-4.593E-02	1.446
	4	.925*	.251	.014	.179	1.671
3	1	-.775*	.251	.041	-1.521	-2.907E-02
	2	-.700	.251	.068	-1.446	4.593E-02
	4	.225	.251	.807	-.521	.971
4	1	-1.000*	.251	.009	-1.746	-.254
	2	-.925*	.251	.014	-1.671	-.179
	3	-.225	.251	.807	-.971	.521

*. 在 .05 水準上的平均差異很顯著。

　此平均值之差與顯著機率之值,與 n 的平均值之差與顯著機率一致。

⑥ 就筋肉部分的多重比較。

⑦ 就腹鰭的多重比較。

第 13 章
一般線性模型與實驗計畫法

本章內容

13.1 前言

一般線性模型（**general linear model, GLM**）是一個統計學上常見的線性模型。這個模型在計量經濟學的應用中十分重要。不要與多元線性迴歸、廣義線性模型或一般線性方法相混淆。

其公式一般寫為：

$$Y = XB + U$$

其中 Y 是一個包含反應變數的矩陣，X 是一個包含獨立自變數的設計矩陣，B 是一個包含多個估計參數的矩陣，U 是一個包含誤差和剩餘項的矩陣。通常假設誤差在測量之間是不相關的，並遵循多元常態分布。如果誤差不遵循多元常態分布，則可以使用廣義線性模型來放寬關於 Y 和 U 的假設。

一般線性模型包含許多不同的統計模型：ANOVA、ANCOVA、MANOVA、MANCOVA、普通線性迴歸、t 檢定和 F 檢定。一般線性模型是對多於一個應變數的情況的多元線性迴歸的推廣。如果 Y、B 和 U 是列向量，則上面的矩陣方程式將表示多元線性迴歸。

13.2 何謂一般線性模型？

GLM 是 general einear model 的簡稱，稱為**一般線性模型**。
回想 1 元配置的變異數分析的模型時，即為

$$x_{ij} = \mu + \alpha_i + \varepsilon_{ij}$$

測量值　　　主效果　誤差

水準 A_i 的母平均

2 元配置的變異數分析模型應該是

$$x_{ijk} = \mu + \alpha_i + \beta_j + (\alpha\beta)_{ij} + \varepsilon_{ijk}$$

測量值　水準 A_i　水準 B_j　交互　　誤差
　　　　的主效　的主效　作用
　　　　果　　　果

像這樣，變異數分析的模型可以用 1 次式的形式來表現。

$$1 \text{ 次式的模型} = 線性模型$$

話說，對單迴歸分析與複迴歸分析也存在有線性模型。
單迴歸分析的模型

$$Y_i = \beta_0 + \beta_1 x_i + \varepsilon_i$$

從屬變數　定數　獨立變數
（目的變量）　　（說明變量）

複迴歸分析的模型

$$Y_i = \beta_1 x_{1i} + \beta_2 x_{2i} + \beta_0 + \varepsilon_i$$

從屬變數　獨立變數　獨立變數　定數　誤差
（目的變量）（說明變量）（說明變量）

如比較此 4 個數學模型時，可以發覺出幾乎形成相同的形式。
因此，將這些加以整理，稱為

「一般線性模型」

在 SPSS 的統計對話框中，迴歸分析中所使用的

應變數（D）

此種單句之出現，是因為變異數分析的測量值剛好對應迴歸分析的依變數的部分！

　　注意：所謂線性模型的線性（＝ 1 次式）是說測量值或應變數是以「參數的線性結合」來表示。因此，$Y = \beta_0 + \beta_1 x + \beta_2 x^2 + \varepsilon$ 雖是非線性迴歸，也是線性模型的一種。

【注】從屬變數也稱為依變數，獨立變數也稱為自變數。

13.3 隨機集區法

假定必須進行以下的實驗

表 13.3.1　1 元配置的變異數分析的數據

水準 A_1	x_{11}　x_{12}　x_{13}　x_{14}
水準 A_2	x_{21}　x_{22}　x_{23}　x_{24}
水準 A_3	x_{31}　x_{32}　x_{33}　x_{34}
水準 A_4	x_{41}　x_{42}　x_{43}　x_{44}

但是，如果 1 日只進行 4 次的實驗時……

此種時候，將每 1 日當作 1 個集區（block），如以下那樣進行的實驗，稱爲**亂塊法或隨機集區法（randomized block design）**。

表 13.3.2　亂塊法的例子

集區 B_1 （第 1 日）	集區 B_2 （第 2 日）	集區 B_3 （第 3 日）	集區 B_4 （第 4 日）
A_1 ↓ A_3 ↓ A_4 ↓ A_2	A_3 ↓ A_2 ↓ A_1 ↓ A_4	A_3 ↓ A_4 ↓ A_2 ↓ A_1	A_2 ↓ A_4 ↓ A_3 ↓ A_1
↑	↑	↑	↑

A_1 在各集區中出現 1 次
亦即，各集區中各水準 A_1 隨機出現 1 次

此實驗的結果，得出如下的測量值。

表 13.3.3　利用亂塊法的測量值

集區 B_1 (第 1 日)	集區 B_2 (第 2 日)	集區 B_3 (第 3 日)	集區 B_4 (第 4 日)
$A_1 = 8.3$	$A_3 = 8.1$	$A_3 = 7.2$	$A_2 = 8.2$
$A_3 = 7.3$	$A_2 = 8.3$	$A_4 = 7.8$	$A_4 = 6.0$
$A_4 = 5.1$	$A_1 = 8.8$	$A_2 = 9.2$	$A_3 = 7.0$
$A_2 = 7.1$	$A_4 = 5.9$	$A_1 = 8.8$	$A_1 = 8.3$

對於此數據而言，SPSS 的數據輸入類型，如下所示。

【數據輸入的類型】

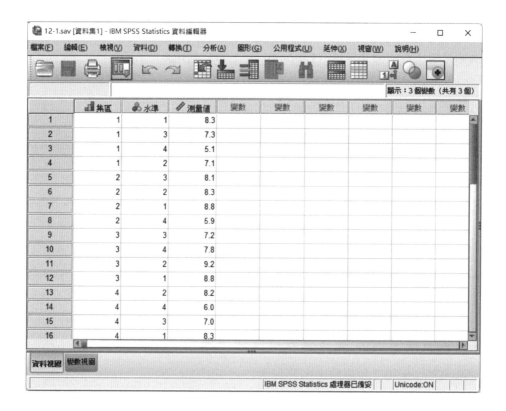

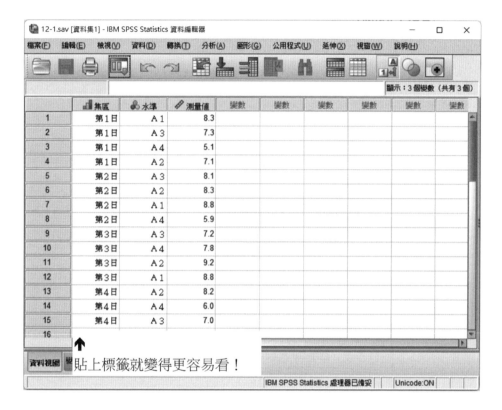

【統計處理的步驟】

步驟1 點選分析（A），從一般線性模型（G）的清單之中，選擇單變異數（U）。然後…

步驟 2 一面以滑鼠點選，如下將測量值移到應變數（D）的方框之中，將
水準與集區移到固定因子（F）的方框之中。

步驟 3 其次，點選模型（M），選擇建置項目（B）。因此，點選集區，
按一下 ➡，點選水準，按一下 ➡。

步驟 4 按一下 繼續 ，回到原來的畫面，之後按 確定 鈕。

【SPSS 輸出】

變異數的單變量分析

受試者間因子

		個數
集區	1	4
	2	4
	3	4
	4	4
水準	1	4
	2	4
	3	4
	4	4

受試者間效應項的檢定

依變數：測量值

來源	型 III 平方和	自由度	平均平方和	F 檢定	顯著性	
校正後的模式	16.750[a]	6	2.792	7.461	.004	
截距	921.122	1	921.122	2461.797	.000	
水準	13.048	3	4.349	11.624	.002	← ②
集區	3.703	3	1.234	3.298	.072	← ①
誤差	3.367	9	.374			
總和	941.240	16				
校正後的總數	20.118	15				

a. R 平方 = .833（調過後的 R 平方 = .721）

【輸出結果的判讀】

① 關於集區之差的檢定

　　在亂塊法的情形中，此集區之差的檢定可以忽略。

② 水準間之差的檢定，亦即檢定

　　「假設 H_0：4 個水準 A_1, A_2, A_3, A_4 之間沒有差異」

　　由於顯著機率 = 0.002 < 顯著水準 α = 0.05

　　因之假設 H_0 被捨棄。

　　因此，知 4 個水準之間有差異。

Tea Break

　　亂塊法又稱為隨機某區法，英文則為 Random Block Method，在亂塊法的情形中，某區的檢定較不關心，因之可以忽略。

13.4 拉丁方格

所謂拉丁方格是指如下的表。

表 13.4.1　4×4 拉丁方格例

	集區 B_1 的順位	集區 B_2 的順位	集區 B_3 的順位	集區 B_4 的順位	
水準 A_1	1	2	3	4	
水準 A_2	2	1	4	3	不管在哪一水
水準 A_3	3	4	2	1	準均不出現相
水準 A_4	4	3	1	2	同的順位

換言之，從縱向來看或從橫向來看，{1, 2, 3, 4} 的數字均很整齊的列入。因此，拉丁方格可以想成是將亂塊法再使之更精密。

以另一種看法來說，對於 3 個因子 A、因子 B、因子 C，它們的水準假定

$$\begin{cases} 因子 A……水準 A_1，水準 A_2，水準 A_3，水準 A_4 \\ 因子 B……水準 B_1，水準 B_2，水準 B_3，水準 B_4 \\ 因子 C……水準 C_1，水準 C_2，水準 C_3，水準 C_4 \end{cases}$$

此時，如對所有的組合進行實驗時，需要

$$4×4×4 = 64$$

64 次的實驗次數，但是如果以下表來想時，只要 16 次的實驗即可完成。

表 13.4.2　4×4 拉丁方格

因子 A ＼ 因子 B	B_1	B_2	B_3	B_4	
A_1	C_1	C_2	C_3	C_4	
A_2	C_2	C_1	C_4	C_3	← 亦即，在條件 A_2，B_4，
A_3	C_3	C_4	C_2	C_1	C_3 之下的實驗
A_4	C_4	C_3	C_1	C_2	

依據此拉丁方格進行實驗之後，得出如下的測量值。

表 13.4.3　利用拉丁方格的測量值

	B_1	B_2	B_3	B_4
A_1	C_1 10.8	C_2 9.8	C_3 21.3	C_4 13.0
A_2	C_2 9.4	C_1 8.4	C_4 15.0	C_3 14.0
A_3	C_3 19.2	C_4 19.1	C_2 13.5	C_1 16.4
A_4	C_4 14.1	C_3 19.1	C_1 15.8	C_2 15.2

對於此數據，SPSS 的數據輸入類型如下。

【數據輸入的類型】

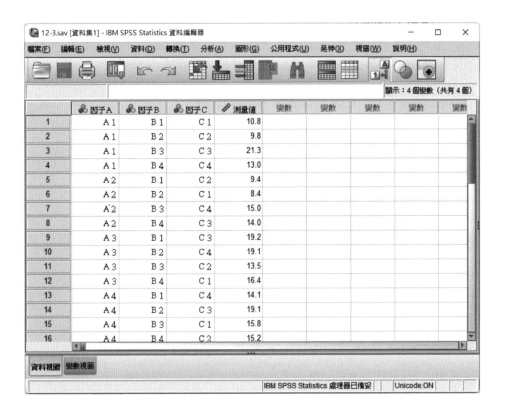

	因子A	因子B	因子C	測量值	變數	變數	變數	變數	變數
1	1	1	1	10.8					
2	1	2	2	9.8					
3	1	3	3	21.3					
4	1	4	4	13.0					
5	2	1	2	9.4					
6	2	2	1	8.4					
7	2	3	4	15.0					
8	2	4	3	14.0					
9	3	1	3	19.2					
10	3	2	4	19.1					
11	3	3	2	13.5					
12	3	4	1	16.4					
13	4	1	4	14.1					
14	4	2	3	19.1					
15	4	3	1	15.8					
16	4	4	2	15.2					

【統計處理的步驟】

步驟 1　點選分析（A），從一般線性模型（G）的清單之中，選擇單變異數（U）。

步驟 2　因此一面以滑鼠點選，一面將測量值移到應變數（D），將因子A、因子B、因子C移到固定因子（F）。

步驟 3　接著按一下模型（M），畫面改變時，以滑鼠點選建置項目（B）。

步驟 4　畫面的文字變黑，點選<u>因子 A（F）</u>變顏色之後，按一下<u>建置項目</u>下方的  。

步驟 5　以同樣點選<u>因子 B（F）</u>，按一下  。

步驟 6 　最後點選因子 C（F），按一下 ➡ 。

步驟 7 　畫面變成如下時，以滑鼠按一下 繼續 。

步驟 8 回到以下的畫面時，按一下 確定 鈕即告結束。

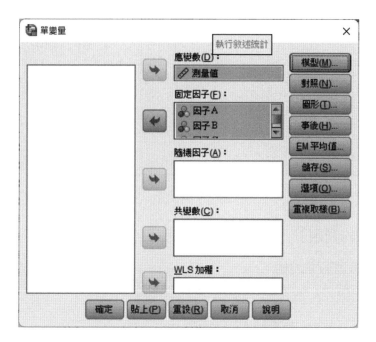

【SPSS 輸出】一拉丁方格

變異數的單變量分析

受試者間因子

		個數
因子 A	1	4
	2	4
	3	4
	4	4
因子 B	1	4
	2	4
	3	4
	4	4
因子 C	1	4
	2	4
	3	4
	4	4

受試者間效應項的檢定

依變數：測量值

來源	型 III 平方和	自由度	平均平方和	F 檢定	顯著性	
校正後的模式	188.581[a]	9	20.953	4.123	.049	
截距	3425.176	1	3425.176	673.943	.000	
因子 A	69.107	3	23.036	4.533	.055	← ③
因子 B	19.957	3	6.652	1.309	.355	← ④
因子 C	99.517	3	33.172	6.527	.026	← ⑤
誤差	30.494	6	5.082			
總和	3644.250	16				
校正後的總數	219.074	15				

a. R 平方 = .861（調過後的 R 平方 = .652）

【輸出結果的判讀】

③ 針對因子 A 進行差的檢定。
「假設 H_0：A_1, A_2, A_3, A_4 之間沒有差異」
依據
顯著機率 = 0.055 > 顯著水準 α = 0.05
因之，假設 H_0 無法捨棄。
因此，4 個水準之間不能說有差異。

④ 針對因子 B 進行差的檢定。
「假設 H_0：B_1, B_2, B_3, B_4 之間沒有差異」
由於
顯著機率 = 0.355 > 顯著水準 α = 0.05
因之，假設 H_0 不可捨棄。
亦即，不知道 4 個水準之間是否有差異。

⑤ 針對因子 C 進行差的檢定。
「假設 H_0：C_1, C_2, C_3, C_4 之間沒有差異」
由於
顯著機率 = 0.026 < 顯著水準 α = 0.05
因之，假設 H_0 被捨棄。
因此知 4 個水準 C_1, C_2, C_3, C_4 之間有差異。

13.5 直交表

所謂直交表，簡言之是爲了減少實驗的次數所想出來的非常好的實驗方法。

譬如，4 個因子 A, B, C, D 分別被分成 2 個水準

$$\left\{\begin{array}{l} \text{因子 A} \cdots\cdots \text{水準 } A_1\text{，水準 } A_2 \\ \text{因子 B} \cdots\cdots \text{水準 } B_1\text{，水準 } B_2 \\ \text{因子 C} \cdots\cdots \text{水準 } C_1\text{，水準 } C_2 \\ \text{因子 D} \cdots\cdots \text{水準 } D_1\text{，水準 } D_2 \end{array}\right.$$

所有的組合的實驗次數如

$$2\times2\times2\times2 = 16$$

那樣，至少需要 16 次。但是，如果只在下表有 ⬭ 記號的地方進行實驗時，只要 8 次就可以完成實驗。這眞是了不起！

表 13.5.1 4 元配置的數據

因子 C	因子 D / 因子 B 因子 A	D_1		D_2		
		B_1	B_2	B_1	B_2	全部 16 次的實驗
C_1	A_1	$\boxed{X_{1111}}$	X_{1211}	X_{1112}	$\boxed{X_{1212}}$	
	A_2	X_{2111}	$\boxed{X_{2211}}$	$\boxed{X_{2112}}$	X_{2212}	⬭ 記號是沒有偏差的
C_2	A_1	X_{1121}	$\boxed{X_{1221}}$	$\boxed{X_{1122}}$	X_{1222}	
	A_2	$\boxed{X_{2121}}$	X_{2221}	X_{2122}	$\boxed{X_{2222}}$	

↑ ⬭ 記號是表 13.5.2 的實驗組合

【註】直交（orthogonal）也有人稱爲正交。

亦即，如下的表稱為直交表。

表 13.5.2 直交表例

號碼	因子 A	因子 B	因子 C	因子 D	測量值
1	A_1	B_1	C_1	D_1	X_{1111}
2	A_1	B_1	C_2	D_2	X_{1122}
3	A_1	B_2	C_1	D_2	X_{1212}
4	A_1	B_2	C_2	D_1	X_{1221}
5	A_2	B_1	C_1	D_2	X_{2112}
6	A_2	B_1	C_2	D_1	X_{2121}
7	A_2	B_2	C_1	D_1	X_{2211}
8	A_2	B_2	C_2	D_2	X_{2222}

 Tea Break

為什麼取名為直交表呢？

表 13.5.3 L_4（2^3）直交表

例 號碼	（1）	（2）	（3）
1	1	1	1
2	1	2	2
3	2	1	2
4	2	2	1

← 將 2 換成 –1 時

$$\begin{bmatrix} 1 \\ 1 \\ 2 \\ 2 \end{bmatrix} \begin{bmatrix} 1 \\ 2 \\ 1 \\ 2 \end{bmatrix} \begin{bmatrix} 1 \\ 2 \\ 2 \\ 1 \end{bmatrix} \xrightarrow{變成} \begin{bmatrix} 1 \\ 1 \\ -1 \\ -1 \end{bmatrix} \begin{bmatrix} 1 \\ -1 \\ 1 \\ -1 \end{bmatrix} \begin{bmatrix} 1 \\ -1 \\ -1 \\ 1 \end{bmatrix}$$

這 3 個向量由於相互直交，所以被稱為直交表。

使用直交表進行實驗之後，得出如下的測量值。

表 13.5.3　直交表的測量值

號碼	條件 A	條件 B	條件 C	條件 D	測量值
1	A_1	B_1	C_1	D_1	$X_{1111}=19.5$
2	A_1	B_1	C_2	D_2	$X_{1122}=4.8$
3	A_1	B_2	C_1	D_2	$X_{1212}=16.1$
4	A_1	B_2	C_2	D_1	$X_{1221}=13.5$
5	A_2	B_1	C_1	D_2	$X_{2112}=1.9$
6	A_2	B_1	C_2	D_1	$X_{2121}=2.4$
7	A_2	B_2	C_1	D_1	$X_{2211}=11.2$
8	A_2	B_2	C_2	D_2	$X_{2222}=4.0$

對此數據，SPSS 的數據輸入類型如下。

【**數據輸入的類型**】

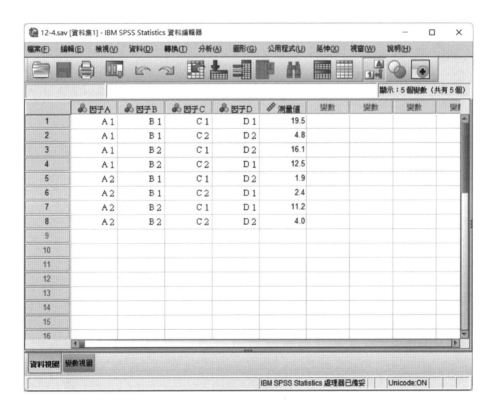

【統計處理的步驟】

步驟1 點選分析（A），從一般線性模型（G）的清單之中，選擇單變異數（U）。然後……

步驟 2 一面按滑鼠一面將測量值移到應變數（D）的方框之中，因子 A、因子 B、因子 C 移到固定因子（F）的方框中。因此……

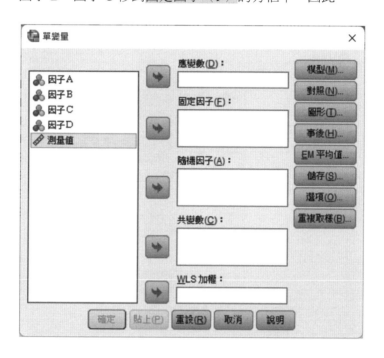

步驟 3 點選測量值變成淺灰之後，按一下應變數（D）左方的 ⬅ 時。

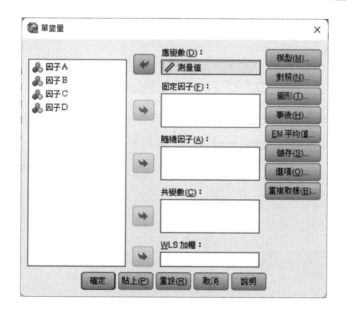

步驟 4　再點選因子 A，按住將滑鼠往下移時，即可將因子 B、因子 C、因子 D 一併變顏色。因此，按一下固定因子（F）左邊的 ➡。
其次，建立模型。點選畫面右上的模型（M）。

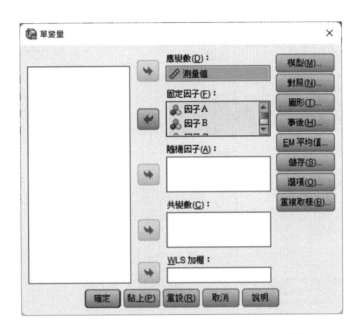

步驟 5　按一下建置項目（B），從因子和共變數（F）的方框之中依序點選因子，再按一下 ➡。如果出現如右方的模式時，按 繼續。

步驟 5'　模型的做法有許多！以下的模型是列舉因子 A 與因子 B 的交互作用。

步驟 5''　依研究內容，如下圖那樣也許需要列舉因子 A 與因子 B 的交互作用、因子 B 與因子 D 的交互作用。

步驟 6 模式的建立結束時，點選 繼續 。回到以下的畫面。
之後，按 確定 鈕。

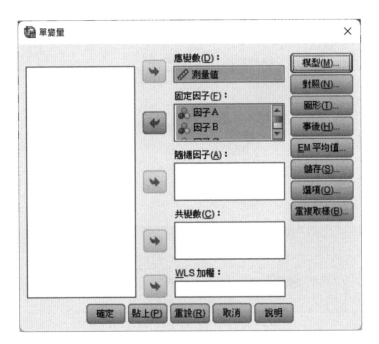

【SPSS 輸出】直交表

變異數的單變量分析

受試者間因子

		個數
因	1	4
子 A	2	4
因	1	4
子 B	2	4
因	1	4
子 C	2	4
因	1	4
子 D	2	4

受試者間效應項的檢定

依變數：測量值

來源	型 III 平方和	自由度	平均平方和	F 檢定	顯著性	
校正後的模式	290.630ᵃ	4	72.657	9.193	.049	
截距	655.220	1	655.220	82.904	.003	
因子 A	139.445	1	139.445	17.644	.025	← ⑥
因子 B	28.880	1	28.880	3.654	.152	← ⑦
因子 C	78.125	1	78.125	9.885	.052	← ⑧
因子 D	44.180	1	44.180	5.590	.099	← ⑨
誤差	23.710	3	7.903			
總和	969.560	8				
校正後的總數	314.340	7				

a. R 平方 = .925（調過後的 R 平方 = .824）

【輸出結果的判讀】

⑥ 關於因子 A 的檢定，檢定

「假設 H_0：水準 A_1, A_2 之間沒有差異」

顯著機率 = 0.025 比顯著水準 α = 0.05 小，因之假設 H_0 被捨棄。

由於水準 A_1 與水準 A_2 之間有差異，因之知因子 A 對此實驗會有效發揮作用的。

⑦ 關於因子 B 的檢定，檢定

「假設 H_0：水準 B_1, B_2 之間沒有差異」

顯著機率 = 0.152 比顯著水準 α = 0.05 大，因之假設 H_0 無法被捨棄。

亦即，因子 B 對此實驗並未有效發揮作用。

⑧ 關於因子 C 的檢定，檢定

「假設 H_0：水準 C_1, C_2 之間沒有差異」

顯著機率 = 0.052，如與顯著水準 α = 0.05 比較時…

⑨ 關於因子 D 的檢定，檢定

「假設 H_0：水準 D_1, D_2 之間沒有差異」

顯著機率 = 0.099 比顯著水準 α = 0.05 大。

因此，假設 H_0 不能捨棄。此事說明因子 D 在此實驗中，並未有效發揮作用。

Note

第 14 章
應用事例 —— 在飲料製造中過濾機之運轉條件的檢討

本章內容

14.1 探討目的

在製造的現場中，經常採行於實際製造之前先進行工廠實驗，再確立製造條件。將新技術引進現場時，特別是利用實驗去進行驗證的情形也很多。因之，首先聚集相關人員進行腦力激盪製作特性要因圖，將影響特性的要因加以整理。從中選出認爲重要的要因再列入工廠實驗。

有效進行此工廠實驗的一個方法即爲統計方法，以手法來說則有實驗計畫法。一般來說，可以採取先以許多要因開始實驗再慢慢去確定條件的方法。具體來說，即爲進行直交配置實驗，接著利用多元配置實驗去決定製造條件的方法。

本事例是某飲料工廠中引進新的過濾機，爲了決定其運轉條件進行了工廠實驗。此情形也是先進行直交配置實驗，決定出各種條件，最後決定過濾流量要多少所進行的實驗結果。

所列舉的要因，即爲最後剩下的過濾流量。就水準來說，以廠商推薦的 $35m^3/n$ 爲中心選擇 4 水準。在判定過濾性能方面，則視過濾後的混濁度而定。隨機進行 24 次的實驗。此時，技術人員列席現場，確認實驗是否依照計畫進行是很重要的。製造現場方面由於變更過濾流量甚爲麻煩，因之，將實驗條件固定是爲了容易進行所致。此種情形必須以其他的解析方法進行才行。

本事例的情形是屬於 1 元配置的實驗，依照 1 元配置實驗的解析步驟進行解析，決定最適的過濾流量即爲初期的目的。

14.2 問題

進行某飲料之過濾機的試車。就影響過濾性能的要因進行檢討。最終的工作是決定過濾流量（m³/h）。將過濾流量取成 4 水準進行重複 6 次的實驗，24 次的實驗順序隨機進行。過濾的混濁度愈低愈好。所得到的數據如下：

表 14.1　數據

過濾流量（m³/h）	y_{ij}				
A₁(33)	0.37	0.30	0.38	0.39	0.38
A₂(35)	0.35	0.26	0.34	0.33	0.32
A₃(40)	0.24	0.28	0.29	0.25	0.34
A₄(45)	0.28	0.29	0.38	0.33	0.35

1. 進行變異數分析解析看。
2. 過濾流量間有顯著差異時，利用最小顯著差檢定法（LSD）檢定各水準間之母平均的差異。
3. 由此實驗結果選定最適條件，並估計該過濾流量的母平均。

14.3 解析的想法與解析

1. 此實驗的目的是從此實驗的結果來決定過濾流量。因此，水準間如無顯著差異時，則以其他條件如成本等來決定。
2. 此實驗是單因子實驗，因之可依照一般的方法進行解析。

■ 變異數分析

表 14.2 數據（a = 4, n = 6）

過濾流量 （m³/h）	y_{ij}						y_i
A_1	0.37	0.30	0.31	0.38	0.39	0.38	2.13
A_2	0.35	0.26	0.31	0.34	0.33	0.32	1.91
A_3	0.24	0.28	0.26	0.29	0.25	0.34	1.66
A_4	0.28	0.29	0.34	0.38	0.33	0.35	1.97
y.. = 7.67							

$$CT = \frac{7.67^2}{24} = 2.45 \qquad S_T = 2.50 - 2.45 = 0.05$$

$$S_A = 2.47 - 2.45 = 0.02 \qquad \phi_A = 3, \ \phi_T = 23, \ \phi_e = 20$$

$$S_e = 0.05 - 0.02 = 0.03$$

表 14.3 變異數分析表

要因	平方和 S	自由度 Φ	均方 V	變異比 F	均方期望值 E(V)
過濾流量 A	0.02	3	0.0067	4.47	$\sigma_e^2 + 6\sigma_A^2$
e	0.03	20	0.0015	—	σ_e^2
計	0.05	23	—	—	—

F(3, 20; 0.05) = 3.10　F(3, 20; 0.01) = 4.94

表 14.4　最小顯著差異檢定（LSD）

	A_1	A_2	A_3	A_4
A_1		0.037	0.078*	0.027
A_2			0.041	0.010
A_3				0.051*
A_4				

$$LSD : t(920; 0.05)\sqrt{\frac{0.0015 \times 2}{6}} = 0.047$$

估計水準間有顯著差異之母平均差

$$A_1 - A_3 : \bar{y}_1. - \bar{y}_3. = 0.078 \pm 0.047$$
$$A_3 - A_4 : \bar{y}_3. - \bar{y}_4. = -0.051 \pm 0.047$$

■ 最適條件：A_3

（A_2 與 A_3 雖無顯著差異，但由於過濾流量愈多效率愈好，所以將 A_3 視為最適條件）

最適條件下的母平均之估計：

$$0.277 \pm t(20; 0.025)\sqrt{\frac{0.015}{6}} = 0.277 \pm 0.033$$

14.4 解析上容易犯錯的地方與實施上的注意事項

【解析上容易犯錯的地方】

1. 過濾流量不易變更時，$A_1 \sim A_4$ 的順序隨機選擇，首先以 A_3 重複 6 次，接著以 A_1 重複 6 次。以此種順序實驗的甚多，稱為分割法，分析方法是不同的。

2. 不顯著時，考慮製造成本或其他的特性之後再決定的也很多。另外，如果是新引進技術時，以使用率為優先，選擇較佳的安全條件的也很多。總之，最終要參考解析結果，也要配合固有技術來決定。

3. 解析人員忠實地解析實驗結果，必須盡可能地活用所獲得的資訊。應注意要好好區別事實與估計。

【實施上的注意事項】

1. 過濾流量 A 之均方的期望值，也有與 $\sigma_e^2 + 3\sigma_A^2$ 不同之情形。係數並非是 A 的自由度。各水準的重複數在此情形是 6。

2. 進行變數變換實施變異數分析並非錯誤。但是，估計時必須恢復成原來的值。要注意不要依照變數變換進行估計。

參考文獻

1. 石村貞夫，「利用 SPSS 的變異數分析與多重比較的步驟」，東京圖書，1997 年
2. 石村貞夫，「多變量解析淺說」，東京圖書，1987 年
3. 石村貞夫，「統計解析淺說」，東京圖書，1989 年
4. 石村貞夫，「變異數分析淺說」，東京圖書，1992 年
5. 石村貞夫，「利用 SPSS 的多變量數據分析的步驟」，東京圖書，1998 年
6. 石村貞夫，「利用 SPSS 的時系列分析的步驟」，東京圖書，1999 年
7. 石村貞夫，「利用 SPSS 的統計處理的步驟」，東京圖書，2001 年
8. 石村貞夫，「利用 SPSS 的類別分析的步驟」，東京圖書，2001 年
9. 田部井明美，「利用共變異數構造分析（AMOS）的資料處理」，東京圖書，2001 年
10. Spss Inc., "Spss Base for Windows User's Guild", Spss Inc. 1997
11. James L. Arbucke & Werner Wothke, "Amos 4.0 User's Guide", Small Waters Corporation, 1999
12. Christensen, Ronald. Plane Answers to Complex Questions: The Theory of Linear Models Third. New York: Springer. 2002. ISBN 0-387-95361-2.
13. Wichura, Michael J. The coordinate-free approach to linear models. Cambridge Series in Statistical and Probabilistic Mathematics. Cambridge: Cambridge University Press. 2006: xiv+199. ISBN 978-0-521-86842-6. MR 2283455

國家圖書館出版品預行編目資料

圖解變異數分析／陳耀茂編著. －－初
　版.－－臺北市：五南圖書出版股份有限公
　司, 2023.10
　面；　公分
　ISBN 978-626-343-909-2（平裝）

1.CST: 變異數分析

511.7　　　　　　　　　　112003182

5B1G

圖解變異數分析

作　　者 ― 陳耀茂（270）

發 行 人 ― 楊榮川

總 經 理 ― 楊士清

總 編 輯 ― 楊秀麗

副總編輯 ― 王正華

責任編輯 ― 張維文

封面設計 ― 陳亭瑋

出 版 者 ― 五南圖書出版股份有限公司

地　　址：106台北市大安區和平東路二段339號4樓

電　　話：(02)2705-5066　　傳　　真：(02)2706-6100

網　　址：https://www.wunan.com.tw

電子郵件：wunan@wunan.com.tw

劃撥帳號：01068953

戶　　名：五南圖書出版股份有限公司

法律顧問　林勝安律師

出版日期　2023年10月初版一刷

定　　價　新臺幣350元

經典永恆・名著常在

五十週年的獻禮 ── 經典名著文庫

五南，五十年了，半個世紀，人生旅程的一大半，走過來了。
思索著，邁向百年的未來歷程，能為知識界、文化學術界作些什麼？
在速食文化的生態下，有什麼值得讓人雋永品味的？

歷代經典・當今名著，經過時間的洗禮，千錘百鍊，流傳至今，光芒耀人；
不僅使我們能領悟前人的智慧，同時也增深加廣我們思考的深度與視野。
我們決心投入巨資，有計畫的系統梳選，成立「經典名著文庫」，
希望收入古今中外思想性的、充滿睿智與獨見的經典、名著。
這是一項理想性的、永續性的巨大出版工程。
不在意讀者的眾寡，只考慮它的學術價值，力求完整展現先哲思想的軌跡；
為知識界開啟一片智慧之窗，營造一座百花綻放的世界文明公園，
任君遨遊、取菁吸蜜、嘉惠學子！